FOUCAULT EN CALIFORNIE.

Un récit inédit

Simeon Wade

(1944-2017) a enseigné l'histoire dans plusieurs universités dans les années 1970, avant de devenir infirmier à l'hôpital psychiatrique du comté de Los Angeles puis infirmier en chef à l'hôpital du comté de Ventura (Californie).

ZONES

Le label « Zones » est dirigé
par Grégoire Chamayou.

Cet ouvrage est initialement paru sous le titre *Foucault in California : A True Story. Wherein the Great French Philosopher Drops Acid in the Valley of Death* chez Heyday (Berkeley) en 2019.

L'entretien entre Simeon Wade et Heather Dundas est initialement paru sous le titre « Michel Foucault in Death Valley : a Boom Interview with Simeon Wade » le 10 septembre 2017 dans *Boom California* (https://boomcaliforniablog.wordpress.com/).

Si vous désirez être tenu régulièrement informé de nos parutions, il vous suffit de vous abonner gratuitement à notre lettre d'information bimensuelle par courriel, à partir de notre site **www.editions-zones.org**, où vous retrouverez l'ensemble de notre catalogue et la plupart de nos titres, intégralement consultables en ligne, et pas mal d'autres choses encore.

Composé par Facompo à Lisieux.
Dépôt légal : février 2021.

Zones est un label des Éditions La Découverte.

ISBN 978-2-35522-158-3

Conception graphique : deValence.

Simeon Wade

Foucault en Californie.

Un récit inédit

Préface de Heather Dundas
Traduction de l'anglais (États-Unis)
par Gaëtan Thomas

Zones

PRÉFACE

Par Heather Dundas

Dans sa biographie de Michel Foucault, David Macey cite Foucault évoquant avec nostalgie « une soirée inoubliable au LSD, savamment dosé, dans la nuit du désert, avec une musique délicieuse, des êtres sympathiques et de la chartreuse[1] [...] ». Cette « soirée inoubliable » se déroula en 1975, lorsque Foucault, alors professeur invité à l'université de Californie à Berkeley, fut conduit dans la vallée de la Mort par un maître de conférences à l'École d'études supérieures de Claremont et son petit ami pianiste. Sur place, les deux jeunes hommes convainquirent Foucault d'expérimenter la nuit du désert sous l'emprise d'une drogue psychédélique. C'était la première fois que Foucault prenait de l'acide ; au matin, il pleura et déclara connaître la Vérité.

J'entendis cette histoire pour la première fois en 2014 quand j'étais en thèse à l'université de Californie du Sud. Honnêtement, j'eus du mal à croire qu'un philosophe du rang de Foucault ait eu le temps d'entreprendre un périple avec deux inconnus, et encore plus de mal à croire qu'il ait accepté, à l'âge de quarante-neuf ans, d'essayer des drogues psychédéliques avec ces mêmes inconnus. Toute cette histoire me paraissait absurde et elle fit monter en moi quelque chose de très sarcastique. Je détestais la « théorie ». Je détestais Foucault, il semblait incarner tous les privilèges et l'arrogance de la philosophie

1. David Macey, *Michel Foucault*, traduit de l'anglais par Pierre-Emmanuel Dauzat, Gallimard, Paris, 1994, p. 349.

critique. Quand j'appris que l'hôte de Foucault dans la vallée de la Mort, Simeon Wade, détenait un manuscrit inédit décrivant cette expérience dans le désert, je décidai de le retrouver. Je voulais mettre la main sur le manuscrit de Wade et l'utiliser pour écrire une satire sur des universitaires idiots dans le désert.

Je harcelai une personne qui connaissait une personne qui avait son adresse. « C'est un reclus », dit l'ami d'un ami. « Il n'utilise pas d'ordinateur ni de téléphone ; en un mot, il vit coupé du monde. »

J'écrivis une lettre à Wade me présentant et demandant à le rencontrer. Il renvoya une carte postale avec une date, une heure et l'adresse d'un Starbucks près de chez lui à Oxnard, en Californie – à une centaine de kilomètres de Pasadena, où je vis.

— Comme saurai-je que c'est bien lui ? demandai-je à ma source.

— Tu sauras, répondit-il.

Effectivement. Trente minutes après l'heure prévue, alors que j'étais prête à partir, un pick-up vieux d'un quart de siècle brinquebala dans le parking du petit centre commercial. Le conducteur resta assis un moment, le temps de finir une cigarette, puis rassembla une demi-douzaine de sacs en plastique et un tas de livres. C'était un homme grand et costaud, il portait un tee-shirt bleu électrique à moitié rentré dans un pantalon de fermier. En entrant dans le Starbucks, il se dirigea droit vers moi puis il lâcha les sacs et les livres sur la table à laquelle j'étais assise. Il retira sa casquette vert émeraude, révélant un crâne dégarni parsemé de taches brunes.

« Enchanté de faire votre connaissance », dit-il avec un reste d'accent texan. Il parlait doucement, en murmurant, comme en gaélique, et je m'aperçus avec détresse qu'il n'avait plus de dents. « Je vous ai apporté des ouvrages de référence et un Coca glacé pour votre retour en voiture. »

Il s'assit et commença à raconter des histoires auxquelles j'avais du mal à croire. Il avait emmené Foucault dans la vallée de la Mort, d'accord. Foucault, dit Wade, avait tellement aimé ce périple qu'il en parlait comme de l'une des expériences les plus importantes de sa vie. Mais cela n'avait été que le début de leur relation, Foucault lui avait rendu visite plusieurs fois. Wade avait interviewé Foucault pour la télévision à l'École d'études supérieures de Claremont. Foucault lui avait écrit qu'il avait brûlé un manuscrit achevé de l'*Histoire de la sexualité* comme conséquence directe de leur expérience dans la vallée de la Mort. Foucault avait travaillé à un manuscrit sur les monstres pendant l'une de ses visites « parce qu'il avait toujours pensé être un monstre ».

Wade affirmait qu'il était resté ami avec Foucault jusqu'à la fin de la vie de celui-ci – et qu'une photographie publiée dans *Time Magazine* en témoignait. D'ailleurs, Foucault avait écrit à son cher ami Simeon pour lui demander de lui rapporter plus de LSD à Paris, en 1984, lorsqu'il était en train de mourir. « Michel voulait s'en aller en trippant, comme Aldous Huxley », dit Wade.

En réponse à ma question posée avec des yeux écarquillés, il admit que oui, il avait bien écrit un manuscrit là-dessus, mais que personne ne voulait le publier.

Pourrais-je le voir ?

Wade me regarda avec méfiance. Ses manuscrits étaient enfouis dans l'un de ses quatre compartiments de garde-meuble, dit-il, avec les photographies et les lettres de Foucault. Il était difficile d'y accéder. Il me dit qu'il me les montrerait un jour. Si je revenais. S'il les retrouvait. Peut-être.

Il accepterait donc de me revoir ?

Eh bien oui, nous fixâmes un rendez-vous le mois suivant.

Dans l'intervalle, j'essayai d'authentifier le bonhomme et de vérifier ses histoires. Je découvris que Wade était né en

1940 à Enterprise, en Alabama. Il avait obtenu une licence d'histoire au College of William and Mary en 1962, puis il avait été admis à Harvard avec une bourse Woodrow Wilson et avait décroché son doctorat en histoire intellectuelle de l'Occident en 1968. Wade avait été nommé maître de conférences à l'École d'études supérieures de Claremont en 1972 et y avait cofondé un Programme doctoral d'études européennes. Les photos de cette époque montrent un homme étonnamment beau : grand, sportif, toujours vêtu d'un costume-cravate.

Le Programme d'études européennes ne fit pas long feu, pas plus, apparemment, que la carrière de Wade à Claremont. La biographie de Wade devient incertaine à ce stade. Je me rendis à l'École d'études supérieures de Claremont pour chercher les bandes de l'émission télé, ou toute trace de la visite de Foucault dans les archives, voire des documents relatifs aux activités d'enseignement de Simeon Wade. Aucune archive n'abordait la visite de Foucault et je ne parvins à documenter le passage de Wade à Claremont qu'en épluchant de vieux numéros du journal étudiant.

Je retournai à Oxnard le mois suivant et attendis de nouveau Wade au Starbucks.

Ce jour-là, Wade arriva les mains vides mais avec vingt minutes de retard seulement. Il voulait parler de l'importance des expériences psychédéliques.

— Toutes les cultures jaillissent des champignons hallucinogènes, dit-il. Réfléchissez-y. Les Grecs, les Aztèques, les Vikings – ils ont tous eu des rituels centrés sur un état de conscience altéré par les champignons. Qu'est-ce qu'un rituel sinon une forme de religion et qu'est-ce qu'une religion sinon une forme de culture ?

Nous y voilà, ai-je pensé. La satire s'écrit toute seule. Je lui demandai un autre rendez-vous le mois suivant.

Foucault était le principal sujet de conversation de Wade. Il voyait en Foucault « le plus grand penseur de notre temps, de tous les temps peut-être. Le comparer à quiconque revient à allumer une chandelle sous le soleil ». Wade avait une connaissance encyclopédique de l'œuvre de Foucault et il parlait de sa relation avec le philosophe comme du « deuxième énorme coup de chance de sa vie ».

Son premier énorme coup de chance, me dit-il, c'était la troisième personne du périple effectué avec Foucault dans la vallée de la Mort : le pianiste Michael Stoneman. Wade rencontra Stoneman en 1974 et ils formèrent un couple jusqu'à la mort de Stoneman en 1998. Leur concubinage non dissimulé avait apparemment suscité une forme de ressentiment dans la ville conservatrice qu'était Claremont dans les années 1970 ; le frère de Wade, David Wade, que je rencontrai beaucoup plus tard, se rappela : « Simeon ne s'est pas contenté de révéler son homosexualité, il *l'a proclamée* ! » David me parla de l'amour que Simeon et Michael partageaient pour la musique, des deux pianos à queue qu'ils avaient installés dans le salon d'une des maisons où ils avaient vécu pour jouer Arensky à quatre mains.

Au fil de nos rencontres, Wade commença à dévoiler une autre personne que celle de l'ami de Foucault. Il déclara qu'il avait connu Timothy Leary à Harvard et qu'« il [Leary] ne s'intéressait qu'à l'orgasme ». Il évoqua les affreuses représailles infligées à un non-conformiste dans l'université des années 1970 : d'après Wade, s'il ne fut pas titularisé à l'École d'études supérieures de Claremont, c'est parce qu'« ils disaient qu['il] étai[t] un dealer, qu['il] particip[ait] à des orgies, qu['il] étai[t] fou ». Il évoqua la période sombre que Michael et lui avaient traversé après son départ de Claremont. Ensemble, ils dirigèrent un temps une galerie d'art, puis Wade commença à donner des cours comme vacataire dans la région de Los Angeles. Sans jamais retrouver de poste stable, il enseigna à l'université d'État de Californie à Northridge, à Belmont Prep et Belmont College, à l'université Samra de médecine orientale, au Tao Healing Art Center et à la controversée université du

Pacifique occidental. C'est avec l'Otis Art Institute de l'école de design Parsons qu'il collabora le plus longtemps : il y enseigna l'histoire et l'histoire de l'art pendant seize ans. Il trouva finalement un emploi d'infirmier psychiatrique à l'hôpital du comté de Los Angeles/USC Medical Center car il « voulait travailler avec de vrais fous ». D'après David Wade, la situation financière de Simeon et Michael se détériora dangereusement à cette époque. Pour cette raison peut-être, ou peut-être en conjonction, la santé des deux hommes, y compris leur santé mentale, connut des crises. En 1998, Stoneman mourut d'alcoolisme à l'âge de quarante-sept ans.

Malgré la précision des histoires de Wade, je ne trouvai que peu de sources à leur appui. Les références savantes à l'amitié entre Wade et Foucault étaient limitées et condescendantes en général, à l'exception de passages dans *The Passion of Michel Foucault*, le livre de James Miller paru en 1993. David Macey exprime le rejet général d'une épiphanie déclenchée par la drogue : « Un certain scepticisme est de rigueur quand on entend certains prétendre qu'il leur confia que cette expérience avait changé sa vie ; les intuitions que donne le LSD sont généralement éphémères et plus illusoires que réelles [2]. » L'amitié nourrie entre Foucault et Wade avait l'air de tenir sur des aspirations plus que sur des faits. Je me demandais si Wade n'était pas qu'un vieil homme solitaire inventant des histoires incroyables autour de sa rencontre avec une célébrité.

Néanmoins, les preuves commençaient à apparaître. Je découvris qu'il existait une photographie parue dans le *Time Magazine* du 16 novembre 1981 montrant Wade et Stoneman riant avec Foucault à l'extérieur d'une salle de conférences. Après une année de rencontres, Wade se pointa un jour avec son manuscrit, *Foucault en Californie*. Un copyright daté de 1990 le protégeait. Wade dit que Foucault l'avait lu et avait accepté

2. *Idem.*

qu'il soit publié, mais aucune maison d'édition n'avait voulu y toucher – trop scandaleux ou peut-être trop entaché de ses liens avec Wade. « C'est le dernier exemplaire, dit-il, vous pouvez l'avoir. » Nous roulâmes ensemble en direction d'un magasin de reprographie et il me regarda photocopier les pages l'une après l'autre.

Le manuscrit de Wade est extravagant, autant que je pouvais l'espérer. *Foucault en Californie* est porté par la même voix effrénée que Simeon prend pour narrer de fantastiques histoires autour d'un café. Le texte décrit comment l'idée originale d'une « expérience » avec l'esprit de Foucault s'est rapidement transformée en une bacchanale planifiée par Wade et Stoneman. Les références sacrées et populaires se mêlent dans la description enthousiaste de son projet dionysiaque : la personnalité double de Joanne Woodward dans le film de 1957 *Les Trois Visages d'Ève* se combine à l'Ève biblique, et le « sabbat des sorcières » de Moussorgski se fond avec l'interprétation de Stokowski dans le *Fantasia* de Disney. Cette fantaisie/*Fantasia* haute/basse donne un aperçu de la pensée dédoublée de Wade. Son écriture est excessive, son dévouement à Foucault inébranlable.

Au moment où je lus le manuscrit, j'avais abandonné mon projet initial de dénoncer la philosophie critique. Je m'étais rendu compte que cette zone avait été déjà bien couverte, par la satire et d'autres moyens, par des personnes autrement plus équipées que moi. Les chercheurs ont continué, après la mort de Foucault, à piocher dans son œuvre, produisant des vagues de livres et d'articles, de débats et de questionnements après chaque nouvelle traduction et publication de texte issu de son œuvre immense. Mes sentiments à l'égard de Foucault n'ont aucune importance.

Je commençai aussi à prendre au sérieux certaines des choses que Wade me disait. Le manuscrit gonzo de Wade a des passages curieux et il est sans aucun doute tentant de se moquer des drogues en question ou d'en tirer des phrases chocs – « Foucault sous acide dans le désert » – mais cela trivialise ce que Wade, c'est certain, et Foucault, peut-être, essayaient de faire : amplifier leur conscience, faire une expérience limite. Jusqu'à récemment, on a tourné en dérision l'idée emblématique des années 1970 de prendre un « élixir magique », comme le dit Wade, pour amplifier sa conscience. Cependant, de nouvelles recherches ont remis en question le rejet de l'expérience psychédélique. L'affirmation selon laquelle les effets du LCD sont « éphémères et illusoires » est désormais contestée, et les usages thérapeutiques de cette substance longtemps discréditée sont à présent explorés. Il se pourrait que l'altération de la conscience ne soit pas (seulement) une blague.

En fin de compte, et à mon grand étonnement, je perdis l'envie de couvrir Wade de ridicule. Au lieu de cela, nous devînmes amis, nous finîmes par passer ensemble des anniversaires et des fêtes.

Malgré tout, je n'étais pas tout à fait convaincue que son manuscrit fût autre chose que le produit d'une imagination extrêmement fertile. Puis, début 2016, Wade – désormais « Simeon » pour moi – retrouva un carrousel de diapositives représentant le périple dans la vallée de la Mort. On voyait Foucault bras dessus, bras dessous avec Michael Stoneman torse nu, souriant devant Dante's View. Sur un autre cliché, Foucault scrutait l'horizon à Zabriskie Point. « Il avait la cervelle qui trippait sur celle-là », dit Simeon. Les images étaient splendides, mais le plus important était qu'elles prouvaient enfin que le périple avait eu lieu. De surcroît, les nombreuses images de Foucault chez Michael et Simeon à Claremont corroboraient l'affirmation de ce dernier selon laquelle Foucault était venu leur rendre visite au moins une fois de plus. Ces photos montraient ce qu'affirmait Simeon : Foucault et lui étaient amis.

À partir de là, j'essayai de convaincre Simeon de faire un entretien que nous publierions. Il fallut plus d'un an pour qu'il accepte. Quand, en septembre 2017, la revue en ligne *Boom California* fit paraître cet entretien avec certaines des photos, je roulai jusqu'à Oxnard pour le montrer à Simeon sur mon ordinateur portable, puisqu'il ne possédait toujours pas d'ordinateur.

Nous nous retrouvâmes un vendredi, comme d'habitude. Il était en retard, évidemment.

Le mardi suivant, le 3 octobre 2017, Simeon mourut subitement dans son sommeil. Il avait soixante-dix-sept ans.

En triant les affaires de Simeon, David Wade et sa femme Nancy Pobanz découvrirent les lettres de Foucault dont Simeon avait parlé sans jamais parvenir à les retrouver. Ces lettres révèlent que Foucault a bel et bien affirmé que la nuit dans la vallée de la Mort était « une grande expérience, l'une des plus importantes de [s]a vie » (14 mai 1975) et qu'il avait lu le manuscrit de Wade et avait réagi de façon positive, sinon gnomique :

> Comment aurait-il été possible de ne pas aimer toi
> Simeon
> Death Trip Valley
> Epistème la gris
> (16 septembre 1978)

D'autres lettres montrent que Foucault envisageait de grands changements dans sa vie – « J'ai l'impression que je devrais émigrer et devenir californien » (30 mai 1975) – et prouvent que Simeon et lui restèrent en contact jusqu'en 1984, l'année de la mort de Foucault. (Malheureusement, David Wade et Nancy Pobanz n'ont pas trouvé le manuscrit de Foucault sur les montres. Ils n'ont pas trouvé non plus la lettre où Foucault demande à Simeon et Michael de venir à Paris l'aider à mourir.)

Au moment où j'écris ces lignes (mi-2018), les dossiers de Simeon s'entassent dans ma maison, en attente de leur versement aux archives ONE National Gay and Lesbian de l'université de Californie du Sud. La publication du manuscrit de Simeon, *Foucault en Californie*, prend une actualité particulière avec la parution posthume du quatrième et dernier tome de l'*Histoire de la sexualité*, *Les Aveux de la chair* (2018), un texte écrit après que Foucault a rencontré Simeon, qui pourrait avoir été influencé par leur amitié. David Wade et Nancy Pobanz ont trouvé une lettre écrite quelques mois après le périple dans la vallée de la Mort dans laquelle Foucault dit devoir « recommencer » son « livre sur la répression du sexe » (5 octobre 1975).

Simeon était trop vieux et j'étais trop casse-pieds pour avoir mon propre périple dans la vallée de la Mort, mais il organisa une « expérience » pour moi. Il m'installa sur une chaise derrière un mur de livres dans son appartement surchargé, engorgé, et me tendis une grande tablette de chocolat au lait Cadbury. Tout cela ne m'enchantait guère : je n'aime ni le fatras ni le chocolat au lait, il était tard et j'étais inquiète à l'idée de rouler de nuit. Simeon disparut derrière le mur de livres et commença à jouer une *Étude* de Chopin. Dans la lumière déclinante de la fin de journée, mon monde se réduisit à la vision des livres et au son du piano. Ce n'était pas… reposant, mais étonnant, assurément. À un moment particulièrement beau, Simeon cria : « Mange le chocolat *maintenant* ! »

Cette expérience n'était qu'un reflet lointain de l'événement immersif que Wade avait créé pour Michel Foucault dans la vallée de la Mort. Mais, désormais, le chocolat au lait déclenchera toujours chez moi l'écho de Chopin et le souvenir d'un ami, et ma vie s'en trouve d'autant plus riche. Par ailleurs, je comprends maintenant pourquoi « une soirée inoubliable au LSD, savamment dosé, dans la nuit du désert, avec une musique délicieuse, des êtres sympathiques et de la chartreuse » peut être l'une des expériences les plus importantes de la vie de quelqu'un.

La nuit du désert de Foucault était une immersion dans une expérience soigneusement chorégraphiée par Wade afin de produire le plus grand effet. Dans le dîner-performance de Wade, les tropes occidentaux – des shamans, des quêtes visionnaires, de l'amitié masculine – étaient entremêlés et inversés. On pourrait soutenir que cette nuit absurde passée avec un « fou » pourvoyant du LSD et son compagnon jouant du Stockhausen incarnait le concept naissant d'amitié chez Foucault, un concept qu'il a élaboré dans certains de ses derniers entretiens comme un genre d'esthétique de l'existence, engageant un « mode de vie ». Foucault touche à ce lien quand il propose à Simeon, dans une lettre du 14 mai 1975, de revenir mais à condition que ce soit commode : « Je pense que de telles rencontres n'ont aucun sens si elles n'apportent pas à tout le monde un plaisir intense, réciproque, et la même tranquillité. Ce que nous devons faire, c'est trouver une façon de transformer le "principe de plaisir" en un "principe de réalité". C'est, je pense, un problème éthique et politique qui doit être résolu aujourd'hui. »

Vous pouvez à présent effectuer ce périple dans la vallée de la Mort avec, en bandoulière, le texte de Wade, *Foucault en Californie*. Que votre vie en soit enrichie.

Heather Dundas
Pasadena, Californie

FOUCAULT EN CALIFORNIE

« On ne s'imagine Platon et Aristote qu'avec de grandes robes de pédants. C'étaient des gens honnêtes et, comme les autres, riant avec leurs amis. Et quand ils se sont divertis à faire leurs lois et leurs politiques, ils l'ont fait en se jouant. C'était la partie la moins philosophe et la moins sérieuse de leur vie. La plus philosophe était de vivre simplement et tranquillement.
S'ils ont écrit de politique, c'était comme pour régler un hôpital de fous.
Et s'ils ont fait semblant d'en parler comme d'une grande chose, c'est qu'ils savaient que les fous à qui ils parlaient pensaient être rois et empereurs. Ils entraient dans leurs principes pour modérer leur folie au moins mal qu'il se pouvait. »

Blaise PASCAL, *Pensées* (1670)

PROLÉGOMÈNES

Un jour de printemps, au milieu des années 1970, une collègue m'appela pour me dire que l'extraordinaire Michel Foucault allait donner un séminaire à l'université de Californie à Berkeley. Je jubilai. Michel Foucault était mon héros et l'opportunité se présentait enfin de le rencontrer. On le considérait déjà comme l'un des intellectuels français les plus éminents du XXe siècle. Je voyais en Michel Foucault rien moins que le plus grand penseur de notre temps, de tous les temps peut-être. Le comparer à quiconque revient à allumer une chandelle sous le soleil.

Cela faisait neuf ans que, alors que j'étais étudiant en histoire intellectuelle à Harvard, j'avais lu la première œuvre majeure de Foucault, *Histoire de la folie à l'âge classique*. Le livre m'avait excité au plus haut point, mais ma pensée n'était pas suffisamment subtile pour saisir toutes les implications de ses apports révolutionnaires. Les professeurs de Harvard ne m'avaient évidemment été d'aucune aide, nombre d'entre eux étaient embourbés dans des spécialisations étriquées, des idéologies puériles et des méthodologies obsolètes.

Quand je commençai à enseigner à Harvard à la fin des années 1960, j'avais encore une approche hégélienne de l'histoire et de la littérature. Puis je lus *Les Mots et les Choses*. J'abandonnai l'hégélianisme et déclarai à mes étudiants que, pour les sciences humaines, la conceptualisation de l'épistémè par Foucault était comparable à l'analyse de la double hélice par Watson et Crick pour les sciences de la vie.

Après avoir lu *Surveiller et punir* en 1975, je savais que l'œuvre de Michel Foucault marquait un tournant décisif dans l'histoire intellectuelle moderne. Quand je lus *L'Anti-Œdipe*, écrit par les collègues de Foucault, Gilles Deleuze et Félix Guattari, il m'apparut que ces trois-là avaient répondu ensemble à la question la plus pressante de notre temps : « Pourquoi le fascisme et comment y résister ? » Dans mon esprit, Foucault et son cercle avaient jeté les bases pour saisir ce qu'il nous fallait réellement savoir sur l'esprit et sur la société. Ils énonçaient clairement les grandes caractéristiques de la nouvelle ère dans laquelle nous étions entrés.

J'étais à ce point transfiguré par le travail de Foucault que j'avais un désir ardent d'obtenir des informations sur sa vie. À l'origine, tout ce que je savais de la personne de Foucault provenait d'une courte présentation de sa carrière d'enseignant sur la jaquette de *Les Mots et les Choses*.

En 1969, alors que je vivais à Paris, je me renseignai sur Foucault auprès de mon amante, une professeure à la Sorbonne. Elle m'expliqua que Foucault appartenait au cercle infâme des intellectuels homosexuels de Paris. « C'est un des *leurs* », dit-elle avec mépris. Elle daignait néanmoins respecter son travail. Quand je lui demandai si elle partageait ses positions politiques, elle répondit que sa fidélité à la gauche se limitait au mode de vie, voilà tout.

Son Altesse me conseilla aussi de ne pas me donner la peine de lire *L'Archéologie du savoir* de Foucault, peu de temps après sa sortie dans les librairies parisiennes, car c'était bien au-delà de mes facultés de compréhension. La découverte de l'homosexualité de Foucault, l'idée que ces livres étaient trop difficiles pour un étudiant américain en difficulté et sa réputation d'apôtre du soulèvement étudiant de Mai 68 à Paris accrurent encore mon intérêt pour lui.

En 1971, Michel Foucault fut nommé à l'une des chaires les plus prestigieuses au sommet de l'université française. Il devint professeur de l'histoire des systèmes de pensée au Collège de France. Cet intitulé avait été créé pour lui, pour le caractère unique de son travail. En un sens, il fut le premier à appliquer l'analyse systématique à l'histoire de la pensée.

On pourrait voir en Foucault un analyste des systèmes et même un grand philosophe, un historien, un sociologue, un psychologue, mais en fait il se considérait lui-même comme un journaliste. Il étudiait le passé dans le seul but de comprendre le présent. Il analysait l'histoire de l'esprit pour expliquer le pouvoir du discours. Son affirmation « nous ne sommes rien d'autre que ce qui a été dit » est une introduction toute trouvée à son approche de l'histoire et des sciences humaines.

Chaque mercredi du bref trimestre du Collège de France, Foucault lisait son cours assis devant une table vide, éclairée par une unique lampe. La salle était toujours remplie d'étudiants attentifs et de collègues, dont un grand nombre enregistrait les séances. C'est dans cette même salle que Henri Bergson, le célèbre philosophe, palabrait à l'époque proustienne. Comme pour Bergson, il fallait faire la queue pour accéder à la salle quand Michel Foucault parlait. C'était toujours un événement.

L'année où Foucault s'installa dans son auguste chaire à Paris, j'obtins un poste insignifiant de maître de conférences à l'École d'études supérieures de Claremont, située dans la vallée de San Gabriel, à la lisière orientale la plus reculée et la plus conservatrice du comté de Los Angeles. L'École d'études supérieures faisait partie d'un groupe d'institutions connues sous le nom de Claremont Colleges. Les écoles d'études supérieures et de premier cycle sont situées dans une petite ville universitaire prétentieuse et bigote du Midwest transportée en Californie. Leurs enseignants sont provinciaux, l'administration réactionnaire, et la plupart des étudiants aisés et carriéristes.

À l'époque, j'étais enchanté de quitter les salles défraîchies de Harvard pour les espaces odorants de Californie. J'étais prêt à adopter le mode de vie de mon alter ego, Jean-Jacques Rousseau. J'arrivai en 1972 et j'élus domicile avec un ami dans une cabane isolée de Bear Canyon, située à 1 200 mètres au-dessus de Claremont, dans les monts San Gabriel.

En un an, je mis sur pied un Programme d'études européennes à l'École d'études supérieures et je remportai une bourse généreuse du National Endowment for the Humanities pour assurer son fonctionnement. Bien que présenté comme interdisciplinaire, ce programme s'appuyait en fait sur le travail de Foucault et de son cercle. J'essayais d'introduire dans l'orthodoxie de l'université américaine les méthodes et les idées du porte-parole parisien de la « révolution moléculaire » – ce que l'on appelait aux États-Unis, dans les années 1960, le « Mouvement ». Je sentais que Foucault et Deleuze avaient non seulement produit la réflexion la plus avancée pour la révolution moléculaire, mais qu'ils transformaient en même temps notre compréhension des sciences humaines.

LA FORMULE

Lorsque j'appris que Foucault allait enseigner à Berkeley, je sautai sur l'occasion pour l'inviter à Claremont. Quelle chance !, ai-je pensé. On allait pouvoir rencontrer le grand homme en personne. L'auteur, par sa seule présence, nous éclaircirait l'œuvre. Sa visite pourrait même braquer l'attention du monde sur le Programme d'études européennes et ainsi fortifier notre petit bastion d'avant-garde dans l'une des régions les plus réactionnaires de Californie.

La question la plus importante était de savoir comment attirer une figure aussi renommée dans une ville universitaire sans intérêt. Avant d'essayer de lui vendre l'idée, j'établis la liste de nos atouts. Je lui parlerais du Programme d'études européennes dans l'espoir que notre dévouement à son œuvre et notre participation au Mouvement le convainquent de nous rendre visite. Je lui ferais verser de beaux honoraires. Je lui promettrais un essaim de jeunes Californiens pour son divertissement. Je lui proposerais de visiter des sites pittoresques de Californie.

Puis j'eus une révélation. Si j'arrivais à faire venir Foucault, je conduirais une expérience. Je concoctai une formule dont j'imaginais qu'elle possédait un pouvoir psychique analogue aux prodiges de la science-fiction, quelque chose s'approchant du Dr Morbius dans *Planète interdite*, ou de l'alien du premier épisode d'*Au-delà du réel*.

Telle était ma formule : premièrement, prendre le plus grand intellectuel du monde, l'homme qui avait dépassé l'idée selon laquelle « le savoir c'est du pouvoir » pour comprendre que « le pouvoir produit du savoir » ; deuxièmement, administrer à cet intellectuel un élixir céleste, une pierre philosophale digestible capable de démultiplier à l'infini la puissance cérébrale – un enchantement.

Je serais l'alchimiste et documenterais l'expérience. La formule était ainsi libellée : Michel Foucault + la pierre philosophale + la vallée de la Mort (Californie) + Michael Stoneman.

Michael Stoneman est mon compagnon et, pour reprendre ses mots, « un compositeur, un homosexuel et un fumeur ». Il a de nombreux centres d'intérêt, dont une prédilection pour tout ce qui a trait aux Chinois, en particulier leur langue, leurs religions et leurs herbes magiques.

Peu après notre rencontre lors du Thanksgiving de 1974, Michael déclara vouloir m'initier au mystère des choses. Il m'emmena dans la vallée de la Mort, une magnifique terre désertique et montagneuse située à environ 300 kilomètres de Los Angeles, presque sur la frontière du Nevada. J'y fis l'expérience d'une extase et d'une clairvoyance dont je n'avais jamais imaginé qu'elles pussent exister.

Nous avions maintenant l'occasion d'offrir la même chose à Michel Foucault. Tels deux Ève, nous lui donnerions le fruit de l'arbre de la connaissance. Nous aurions « une nuit sur le mont Chauve ».

Je pensais qu'un périple dans la vallée de la Mort provoquerait chez Foucault ce genre de fulgurance qu'on associe aux brillants maîtres anciens. Je savais que nous prenions un risque. L'ingestion de la pierre philosophale dans un lieu aussi enchanté pourrait faire disjoncter le grand penseur de notre temps. Ou n'avoir aucun effet du tout.

Néanmoins, je m'accrochais vite à l'espoir que cet événement ferait sortir de la bouche de Foucault des énoncés gnomiques si puissants qu'il déclencherait une véritable révolution intellectuelle. Artaud n'avait-il pas reçu sa langue de feu après des trips sous peyotl avec les Indiens Tarahumara dans le Grand Canyon du Mexique ? Et ne pouvions-nous pas attendre plus, bien plus, de Michel Foucault ?

En fin de compte, on pourrait juger que ma formule relevait de la folie des grandeurs. Le périple dans la vallée de la Mort ne changea pas le monde, mais il transforma Michel Foucault qui dit que cela avait été la plus grande expérience de sa vie. En rentrant à Paris, il nous écrivit, à Mike et moi, qu'il devait prendre un nouveau départ. Le périple dans la vallée de la Mort l'avait entièrement changé. Il expliquait qu'il avait jeté au feu, à son retour, le manuscrit achevé du second tome de l'*Histoire de la sexualité* et détruit le plan en sept tomes des livres qu'il envisageait de publier. Il projetait de tout recommencer à zéro.

Les conséquences de ce nouveau départ sont visibles dans les trois derniers tomes de l'*Histoire de la sexualité*, écrits après le périple dans la vallée de la Mort. Ils couronnent son œuvre de la même façon que l'*Éthique* parachève le corpus aristotélicien. Le dernier message que Foucault nous a adressé est relatif à la valeur suprême de l'« esthétique de l'existence ». Il nous apprend à échapper aux codes pernicieux de la société de contrôle et à faire de nos vies des œuvres d'art.

Je crois que le périple dans la vallée de la Mort a rendu possible l'*Éthique* de Foucault et qu'il en a déterminé la substance.

L'après-midi même où Phyllis Johnson, une professeure de français à Pomona College, une alliée dans le Programme d'études européennes et une amie très chère, me dit que Foucault allait venir en Californie, je passai un coup de fil au directeur du département de français à Berkeley. Il m'assura que Foucault avait accepté le poste à Berkeley, mais le département ne savait pas encore quand il allait arriver, ce qu'il allait enseigner et s'il serait disponible pour donner des conférences publiques à Berkeley ou ailleurs. Il me suggéra d'écrire directement à Foucault à Paris. À ma grande surprise, il me donna l'adresse du domicile de Foucault, que j'épinglai au-dessus de mon bureau comme un moine médiéval aurait gravé sur le mur de sa cellule l'itinéraire menant à Rome.

J'envoyai un mot à Foucault à Paris, l'invitant à Claremont. Il répondit succinctement qu'il aurait plaisir à nous rendre visite mais que, dans la mesure où il ignorait son emploi du temps et la nature de ses obligations à Berkeley, il devrait attendre d'arriver en Californie avant de faire tout projet de voyage. Il me demanda de lui écrire à Berkeley.

Je lui écrivis en lui soumettant l'idée du périple dans la vallée de la Mort, que je décrivais avec une citation d'Artaud, tirée de son récit de la prise de peyotl avec les Indiens Tarahumara : « suspendu entre toutes les formes, et n'espérant plus que le vent [1] ». La lettre fourmillait aussi des détails sur le calendrier pressenti des séminaires, des conférences et des fêtes. Au vu du programme ridiculement accaparant que je proposais, il n'est pas étonnant que Foucault n'ait pas répondu. J'étais déconfit.

1. La citation est en réalité tirée de « L'adresse au dalaï-lama », *in* Antonin Artaud, *Œuvres complètes*, Gallimard, Paris, 1976, p. 42. (NdT)

IRVINE

Début mai, j'appris par Phyllis Johnson, une fois encore, que Foucault allait donner une conférence à l'université de Californie à Irvine, à environ une heure de route de Claremont. Mon cœur se mit à battre la chamade sous le coup de la nouvelle. Je l'affronterai en personne. Je connaissais l'importance d'être constant. Michael et mes deux étudiants alliés, Brit et Patti, me retrouvèrent à l'auditorium, espérant apercevoir Foucault lors de son entrée. Brit me prit le bras et haleta : « Il est là. »

Et il était bien là, marchant à grands pas vers l'entrée. Il était beaucoup plus petit et ramassé que ce que j'avais imaginé à partir de la photographie austère, pincée, de la jaquette de *Les Mots et les Choses*. Il avait de larges épaules et un visage rond, incontestablement franc, et des traits plus agréablement nuancés et vifs que sur la photographie.

Le temps d'un instant, je crus que nous nous étions trompés, puis je fis quelques pas rapides, enfin… des sauts, pour mieux l'examiner. « Oui, c'est Foucault », dis-je à Patti, juste derrière moi. Son regard possédait l'intensité perçante de la photographie et son crâne d'aigle chauve était parfaitement reconnaissable. De plus près, on distinguait sur son crâne nu plusieurs lobes renflés partant de la pointe du tronc cérébral. Inutile d'être phrénologue pour constater qu'une mutation cérébrale extraordinaire, quelque chose de l'ordre d'une conscience absolue, avait émergé des confins du réel.

Sous sa veste à carreaux madras, le col roulé blanc de Foucault révélait un torse puissant aux contours bien définis.

Son pantalon patte d'eph lui gainait les cuisses et les hanches. Il ressemblait plus à un athlète qu'à un universitaire. Il était évident qu'il ne passait pas tout son temps courbé sur un bureau.

Nous le suivîmes dans la salle et nous nous assîmes dans la deuxième rangée, devant le pupitre. Pendant que le public arrivait, Foucault était assis, serein et alerte, il consultait ses notes et s'entretenait avec l'animateur, riait parfois avec lui en réaction à des remarques qui nous restaient inaudibles. Il lui arrivait aussi de regarder tout autour de lui et d'examiner les visages dans l'assemblée.

À l'issue d'une brève introduction qui se limita aux mots « Michel Foucault » suivis d'applaudissements nourris, l'illustre invité parisien s'approcha diligemment du pupitre. J'avais entendu dire que Foucault refusait catégoriquement de donner des conférences en anglais, je ne fus donc pas surpris de le voir lire ses notes en français.

Sa conférence sur la prolifération des discours sur le sexe au XIXe siècle faisait clairement partie du fameux cours qu'il donnait cette année-là au Collège de France. Il insistait sur la condamnation de la masturbation, omniprésente et obsessionnelle dans la littérature médicale et religieuse. Il est fort probable que la conférence ait été tirée du manuscrit alors achevé du deuxième tome de l'*Histoire de la sexualité*, celui-là même qu'il devait détruire à son retour à Paris, après le périple dans la vallée de la Mort.

L'animateur informa le public que Foucault avait très peu de temps avant de prendre son avion qui le ramenait à San Francisco, il devrait donc limiter la discussion à quelques questions. Après un bref échange avec le public, Foucault marcha rapidement vers la sortie.

J'étais incapable de prendre mon courage à deux mains et de fendre l'entourage qui l'accompagnait alors qu'on l'entraînait dehors. J'étais dévasté, je sentais que c'était ma dernière chance pour l'inviter à voyager avec nous. Soudain, avec une célérité extraordinaire, Michael s'élança vers Foucault, manœuvra à travers la foule d'admirateurs qui l'engloutissait et lui indiqua dans un français essoufflé que je voulais lui parler. Interdit par la sollicitation impertinente de Michael et décontenancé par un nom qu'il ne reconnut pas immédiatement, Foucault s'arrêta assez longtemps pour que je l'atteigne.

J'étais si surpris par l'habileté de Michael à immobiliser Foucault que je pus seulement articuler mon nom et Claremont, deux mots que je répétai trois fois. Puis Foucault, passant sur ma maladresse, se souvint de ma lettre et s'excusa aussitôt de ne pas avoir répondu. « J'ai peur d'avoir été impoli, déclara-t-il dans un anglais impeccable, mais j'ai tant d'obligations pendant mon séjour en Californie que je n'aurai pas le temps de visiter Claremont cette fois. » Puis les organisateurs le firent avancer vers la porte, mais je continuai à le coller, je l'escortai d'un pas lourd jusqu'en haut des escaliers, essayant de le convaincre de nous rendre visite, ne fût-ce qu'une journée.

Nous atteignîmes finalement la dernière marche et le plein air. Foucault s'arrêta soudainement, se tourna vers moi en souriant et dit : « Mais comment pourrais-je voir la vallée de la Mort si je ne passe qu'une journée avec vous ? »

Tout en reprenant espoir, je regagnai l'usage de la parole. « Dans ce cas, venez trois ou quatre jours, proposai-je, nous pourrions partir en voiture dans la vallée de la Mort, y dormir et y passer la matinée, puis rentrer dans l'après-midi juste à temps pour que vous donniez une conférence à Claremont. Il faut à peine plus de quatre heures pour rejoindre la vallée de la Mort depuis Claremont », ajoutai-je, le sourire suppliant.

— On verra, dit-il. Appelez-moi demain après-midi à mon bureau à Berkeley.

Mais il ne se déroba pas assez vite pour éviter Michael, qui accourut vers lui avec une brusquerie hitchcockienne et lui demanda s'il pratiquait le hatha yoga. Stupéfait, Foucault répondit « quoi ? », puis « non ».

— Vous avez un corps tellement beau que j'imaginais que vous faisiez peut-être du yoga, clama Michael, tandis que les organisateurs dégageaient Foucault du groupe de supporteurs et le fourraient dans leur voiture. On aurait facilement pu croire qu'un politicien quittait un meeting sous la protection des services secrets.

La semaine suivante, j'appelai Foucault à Berkeley. « J'ai décidé de vous rendre visite à Claremont, dit-il catégoriquement, j'espère que nous aurons le temps de visiter la vallée de la Mort. »

Tremblant d'impatience, je lui assurai que nous ne manquerions à aucun prix d'aller dans la vallée de la Mort. Je lui donnai ensuite un aperçu du programme.

— Tant que je n'ai pas à parler à un grand nombre de personnes. J'ai eu ma dose.

— J'espère que non. Allez-vous parler en anglais ?

— Plutôt non. Mon anglais est trop mauvais.

— Pourriez-vous arriver vendredi ? Nous pourrions aussi visiter le parc national de Joshua Tree.

— Impossible. Je n'arriverai pas avant samedi.

— Alors nous vous attendrons à l'aéroport. Nous passerons le week-end de Memorial Day dans la vallée de la Mort. Envoyez-moi l'heure de votre arrivée. Êtes-vous sûr de nous reconnaître ?

— Eh bien, dans tous les cas, vous devriez parvenir à me reconnaître, plaisanta Foucault, en allusion sans doute à son crâne dégarni.

Après avoir déployé des trésors de préparation, mon jour « pince moi, je rêve » arriva. Sur la route de l'aéroport, Michael écoutait avec bienveillance mes envolées sur le privilège de recevoir une telle visite et mes craintes de ne pas être à la hauteur. On aurait pu penser que je me serais souvenu de l'heure exacte d'arrivée s'agissant d'un événement aussi capital. Heureusement, l'avion avait du retard et, quand la porte automatique à battant s'ouvrit, nous vîmes Foucault marcher vers le carrousel à bagages à grands pas, comme si l'aéroport était en feu.

— Monsieur Foucault, m'exclamai-je, nous vous avons trouvé !

— Oui – il nous lança un grand sourire après s'être retourné tel un contorsionniste – et je suis très heureux de vous voir, Michael et vous.

À l'exception d'un exemplaire du *LA Times* qu'il tenait en main, Foucault paraissait inchangé depuis Irvine. L'ensemble était identique – veste marron à motif madras, col roulé blanc, pantalon moulant blanc, mocassins marron. Après avoir récupéré sa petite valise et une boîte pleine de papiers, nous prîmes notre berline Volvo verte en direction de l'autoroute. Je lui demandai pourquoi il avait emporté tous ces documents, il dit que c'étaient des notes pour un livre sur l'homme et le monstre qu'il était en train d'écrire. Il organisait aussi un séminaire sur ce sujet à Berkeley.

Nous aurions pu nous trouver sur n'importe quelle autoroute californienne avec ce brouillard frais qui filtrait les rayons du soleil le long de la route 10. Michael demanda à Foucault s'il connaissait la Californie. Je savais qu'il avait vécu et enseigné partout dans le monde – à Stockholm, Istanbul, Tunis, au Brésil, à Lisbonne, Hanovre, Clermont-Ferrand, Buffalo. J'étais donc surpris d'apprendre qu'il n'était jamais allé en Californie avant son séjour actuel de professeur invité à Berkeley.

— Il y a longtemps que j'ai envie de visiter la Californie, nous dit Foucault. J'ai une préférence pour les climats chauds et j'ai passé beaucoup de temps en Afrique du Nord. Je n'aime pas vivre à Paris. C'est trop froid, exigu et les Parisiens sont coincés. Les garçons sont prétentieux.

— Oui, une horde de paons, ai-je dit. Pourquoi y restez-vous ?

— Amour et travail, répondit-il, mon copain y vit et mon travail n'est pas très contraignant. Je ne donne cours qu'une fois par semaine pendant trois mois, pour toute l'année. Aujourd'hui, j'aurais du mal à trouver quelque chose d'équivalent ailleurs.

Michael lui demanda s'il aimait San Francisco. Foucault répondit qu'il s'y sentait vraiment bien. Il nous dit qu'il avait d'abord sous-loué une chambre d'étudiant à Berkeley, mais trouvant que la ville se calfeutrait à la tombée de la nuit, il avait déménagé de l'autre côté de la baie dans une pension à proximité de Folsom Street, qui était à l'époque le cœur de la scène gay-cuir.

Je dis à Foucault que Michael était linguiste, qu'il était parvenu à maîtriser dix langues et leurs langues apparentées. Michael et lui se mirent alors à parler en français. Ma mauvaise compréhension du français à l'oral m'obligea à indiquer à Foucault que Mike était aussi pianiste et compositeur.

Depuis le siège arrière sur lequel il avait tenu à s'asseoir, Foucault se pencha vers l'avant et réagit avec une joie vive.

— C'est fantastique, dit-il à Michael. J'adore la musique et j'espère écouter une de vos pièces. Vous connaissez la musique de Pierre Boulez ? C'est un très bon ami à moi.

— Oh, vraiment ? avons-nous dit l'unisson. Je mentionnai un excellent portrait de Boulez paru dans le *New Yorker*, écrit par Peter Heyworth, un critique musical au *London Observer*. Foucault ne l'avait pas lu, je lui expliquai donc que Heyworth décrivait les compositions de Boulez comme la plus grande révolution musicale du XXe siècle. J'ajoutai que Stockhausen avait déclaré que Boulez était le seul compositeur qu'il pouvait écouter.

— Je connais Boulez depuis longtemps, dit Foucault, et j'ai récemment fait en sorte qu'il puisse enseigner au Collège de France. Pas dans le Collège de France même, mais au nouvel Institut de recherche et de coordination acoustique/musique, à l'extérieur de Paris. Il nous a fallu pas mal de temps pour parvenir à cet arrangement, puisque c'est la première fois qu'un professeur du Collège de France est autorisé à enseigner hors les murs. Mais le directeur du Collège a accepté et Boulez était inquiet à l'idée d'abandonner la direction, de retourner à Paris et d'y enseigner. Je pense que ce sera un arrangement très satisfaisant.

— Écoutez-vous beaucoup de musique, Michel ? interrogea Michael.

— Pendant longtemps, je n'ai pas écouté de musique, regretta Michel. Mais j'ai redécouvert l'importance de la musique et je suis capable de l'écouter attentivement. En fait, je n'ai presque rien fait d'autre au cours des trois dernières années.

— Quel genre de musique ? Du classique ? Du moderne ?

— Oui ! dit-il.

— Écoutez-vous de la pop et du rock ? poursuivit Michael.

— Non. Mais je vous dirai ceci : ça a sans aucun doute une très grande influence sur les gens à travers le monde, en particulier les paroles, nota Foucault.

Mike déclara qu'il ne pouvait pas se permettre de consacrer du temps à la pop, n'en ayant pas assez pour écouter toute la musique classique digne d'intérêt. Je m'immisçai dans la conversation pour ajouter que la pop, ça allait bien pour danser, à part ça c'était monotone. « *And the beat goes on* », conclus-je.

Nous esquissâmes le programme des jours à venir en roulant. La seule proposition rejetée par Foucault était l'escapade nocturne dans West Hollywood. Il nous dit qu'il en avait assez vu à San Francisco. Nous quittâmes l'autoroute et atteignîmes en quelques minutes notre pavillon aérien, qui planait sur la route 66 comme un bateau irradié flottant sur un nuage de brume. Sur notre droite, les reliefs accidentés des monts San Gabriel étaient obscurcis et le brouillard ensevelissait la grande étendue de chaparral qui courait de la maison jusqu'aux contreforts du mont Baldy.

CHEZ FOUCAULT

— Oh là là !, s'exclama Foucault en entrant dans la maison. « Très beau, merveilleux ! » dit-il en embrassant du regard les tableaux de Mike et mes photographies sur les murs. Derrière nous, notre chienne accourut depuis la cuisine pour le saluer. « J'adore les chiens », dit-il, me dissuadant de l'en éloigner. Il gratta son ventre, qu'elle présentait toujours à ses admirateurs, et s'imprégna de l'atmosphère qui régnait dans le grand salon.

— Skadi est un chien d'élan norvégien, tentai-je. Avez-vous un chien ?

— Non, c'est tellement difficile d'avoir un chien à Paris, mais ma mère en a un chez elle à la campagne, je profite donc du sien là-bas.

— Laissez-moi poser vos affaires dans la chambre du lit à eau, proposa Mike.

— Montrez-moi seulement l'endroit où vous aimeriez que je les mette, insista Foucault. Je peux le faire.

— Avez-vous déjà dormi dans un lit à eau ? s'enquit Mike.

— Non, jamais.

— Alors vous devriez essayer celui-là tant que vous êtes ici, lui offris-je. Il y a même un vibromasseur sous le matelas. On devient très vite un sybarite en Californie du Sud.

— Mais on ne fait pas que faire des cabrioles sur le lit à eau, fit remarquer Mike. On pratique aussi le yoga.

Je rappelai à Foucault que c'était Mike qui lui avait posé une question sur le yoga à Irvine.

— Ah oui, c'était Michael, n'est-ce pas ? J'étais tellement pressé. Mes souvenirs de l'événement sont brouillés.

— Si vous ne faites pas de yoga, comment maintenez-vous une aussi bonne condition physique ? demanda Mike.

— Je fais de la gymnastique.

— Nous aimerions vous apprendre le yoga durant votre séjour, lui dis-je.

— Ça me plairait beaucoup, dit-il.

Je lui présentai un livre de photographies de hatha yoga. Foucault le parcourut avec attention et, indiquant une posture très difficile de station sur les mains, les jambes par-dessus la tête, il demanda diaboliquement, avec un large sourire dévoilant ses grandes dents blanches : « Pouvez-vous la faire ? »

— Pas encore, répondis-je humblement, mais j'espère bien y arriver.

— J'ai remarqué le *Dao De Jing* sur une table du salon, poursuivit Foucault. Vous intéressez-vous au taoïsme ?

— Oui, depuis quelques années déjà. C'est la philosophie de vie que j'essaie de suivre. Après tout, la « voie » du *Dao De Jing* correspond à la culture de l'énergie ch'i, n'est-ce pas – ce que Wilhelm Reich appelle l'« orgone » ? Avez-vous étudié Reich, Michel ? Avez-vous lu ses œuvres tardives, comme *La Biopathie du cancer* ?

— Je n'ai pas passé beaucoup de temps avec Reich, répondit-il sèchement. Je crois n'avoir lu qu'un seul de ses livres.

— J'espère que vous lirez *La Superposition cosmique*, dis-je, me sentant légèrement ridicule d'indiquer à Michel Foucault ce qu'il devait lire. Les expériences de Reich m'ont convaincu. Je peux sentir l'afflux d'orgone quand je fais du yoga ou l'amour. Est-ce qu'on fait du yoga et est-ce qu'on lit Lao Tzu en France ?

— Ni l'un ni l'autre ! L'Europe est loin derrière la Californie. J'ai l'impression que la Californie s'est détachée du continent et dérive vers l'Asie. Depuis que j'ai vu la Californie, je comprends pourquoi les gens qui vivent ici disent, quand ils voyagent, qu'ils viennent de Californie plutôt que des États-Unis. Pas une personne vivant en Pennsylvanie ne dirait : « Je suis de Pennsylvanie. » La Californie et les États-Unis, ce n'est pas la même chose.

— C'est vrai. Avant de venir en Californie, j'ai vécu dans le Sud et dans l'Est. Ce sont des régions attachées à l'ordre social et à la tradition. Mais ici, en Californie du Sud, je suis épaté par la façon dont les gens, particulièrement les jeunes comme Michael et ses amis, vivent sans histoire, presque sans famille, du moins dans un sens classique, déterritorialisés au sens deleuzien, mais conservent une vénération profonde pour les montagnes, l'océan et le désert environnants.

— Oui, dit Foucault en souriant. C'est magnifique, n'est-ce pas ? Envisagez-vous de retourner un jour dans l'Est ?

— Franchement, non.

— D'autres personnes m'ont dit la même chose. Leo Bersani, mon collègue à Berkeley, m'a affirmé que non, il ne pourrait vraiment pas quitter la Californie.

En direction de la cuisine où se trouvait Michael, Foucault s'attarda dans le salon pour examiner l'herbier. Jusqu'à présent, il n'avait pas manifesté d'intérêt particulier pour les livres et les œuvres d'art que j'avais disposés avec grand soin dans le but d'attirer son attention.

Pendant que Foucault était tranquillement assis dans le salon, Mike et moi servîmes un repas léger.

— Avez-vous déjà bu un Tequila Sunrise ? interrogea Michael.

— Non, mais j'aimerais y goûter.

— C'est très fort, prévint Mike.

— Je suis habitué aux alcools forts, déclara Foucault avec un grand sourire complice. En Afrique du Nord, il y a des alcools très puissants, mais je vous avoue que ma préférence va au Bloody Mary. M'apprendriez-vous à préparer le Tequila Sunrise ? demanda Foucault en entrant dans la cuisine. Tandis qu'ils concoctaient le breuvage, je commençai à apporter les hors-d'œuvre dans le salon. Foucault, qui refusait d'être servi, insista de nouveau pour apporter son aide.

— Le Tequila Sunrise est délicieux, plutôt exotique, et le sel, une grande idée, dit Foucault, avant de prendre une seconde gorgée de son cocktail, la dernière. Il avala quelques bouchées de Boursin et des rondelles de saucisse harponnées avec adresse, qu'il savoura, et s'en contenta. Il mangeait toujours frugalement.

— Aimeriez-vous fumer de la marijuana ? Un étudiant de Simeon nous a donné un joint que nous pourrions partager, expliqua Mike.

— Oui, je fumerais bien un joint.

— Avez-vous déjà fumé de l'herbe ? demandai-je

— J'en ai fumé pendant des années, surtout quand j'étais en Afrique du Nord où ils ont un haschisch merveilleux.

— Et fumez-vous de l'herbe à Paris ? insistai-je.

— L'herbe est très difficile à trouver à Paris, mais je fume du hash dès que je peux m'en procurer. Nous avons été très bien fournis récemment grâce à Noam Chomsky.

— Comment est-ce arrivé ?

— Je suis passé à la télévision avec Chomsky à Amsterdam et, après l'émission, les organisateurs du programme m'ont demandé quel genre de rémunération je souhaitais. Je leur ai dit que j'aimerais un peu de haschisch et ils ont gentiment exaucé mon souhait avec un beau lingot. Mes étudiants et moi nous y référons comme au hasch de Chomsky, non pas que Chomsky lui-même ait quoi que ce soit à voir avec, mais parce qu'il en a été à l'origine.

— Qu'avez-vous pensé de Chomsky ?

— Un homme très agréable. Nous n'avons pas eu beaucoup de temps pour parler. Et l'animateur a fait quelque chose de très stupide. Il voulait que nous ayons un débat. Il a donc présenté Chomsky comme un *liberal* américain, et même un anarchiste, et moi comme un marxiste. C'était absurde, je ne suis pas un marxiste et de telles étiquettes sont ridicules, surtout collées à Chomsky et moi. En fait, nous avons simplement eu une conversation agréable.

— J'ai rencontré Chomsky une fois, dis-je, quand il est venu parler à un petit groupe d'entre nous à Dunster House, à Harvard, pendant le mouvement anti-guerre des années 1960. Je l'avais trouvé incroyablement honnête, tellement intense et incisif quand il parlait de la folie de détruire un pays sous prétexte de le sauver. Ne pensez-vous pas que Chomsky a provoqué une véritable révolution dans notre compréhension du langage ?

— Absolument. Ce qu'il nous a vraiment apporté, c'est une théorie de la communication. C'est là où il a accompli quelque chose. Son intérêt porte sur la communication.

— Et le hasch de Chomsky, avez-vous rencontré des difficultés pour le rapporter en France ?

— Non, pas vraiment.

— Alors, vous fumez avec vos étudiants ?

— Oui. Souvent, après mon cours, nous allons quelque part, nous fumons et nous rions beaucoup.

— Avez-vous déjà écouté de la musique de Jean Barraqué ? demanda Foucault à Michael, passant à un autre sujet.

— Non, mais je sais que c'est un compositeur français important.

— J'ai rassemblé des poèmes de Nietzsche pour Barraqué et il s'en est servi dans un cycle de chants intitulé *Séquence*. Je crois que le cycle est daté de 1955, mais il les a commencés en 1950.

— Je peux le vérifier, proposa Mike.

Il revint avec un exemplaire de *La Musique du* XXe *siècle* de H. H. Stuckenschmidt. « Vous avez raison, *Séquence* est daté de 1950. »

— Barraqué et moi avons vécu ensemble à Paris pendant trois ans, dit Foucault. Ce furent des années merveilleuses et notre séparation fut difficile pour moi. J'ai tout lâché et je suis parti en Suède.

— Pourquoi avez-vous rompu ? demandai-je.

— L'alcoolisme. Il n'a pas pu y renoncer. J'imagine que c'est la raison profonde pour laquelle l'œuvre de Malcolm Lowry me magnétise. Il est génial. Il y a deux voies possibles : soit suivre Lowry jusqu'à l'ivresse, soit l'inverse. L'une n'est pas forcément meilleure que l'autre.

— Quand vous êtes-vous séparés ? demandai-je avec une ténacité à toute épreuve.

— En 1956.

— Soit deux ans seulement après la publication de votre premier livre, la traduction de *Le Rêve et l'Existence* de Binswanger, accompagnée d'une introduction. Je suis tombé dessus à la Bibliothèque nationale il y a quelques étés de cela.

— Je me disais que je vous avais déjà vu quelque part, s'exclama Foucault. J'ai dû vous apercevoir quand vous étiez en train d'y lire cet été-là. J'en suis certain.

— C'est tout à fait possible, mais je ne pourrais pas m'en souvenir puisque j'ai gardé sans arrêt la tête dans les livres. Dans vos livres, probablement, dis-je en riant. Comme c'est étrange de penser que j'aurais pu vous rencontrer à cette époque. En tout cas, j'étais vraiment impressionné par le lien que vous établissez, dans votre traité sur les rêves, entre les genres littéraires et l'analyse des rêves. Je suis étonné que vous n'y soyez pas revenu dans votre travail ultérieur.

— Je ne sais pas pourquoi je n'ai pas creusé cette idée. Je ne m'en souviens même pas.

— Dans vos premiers travaux, il y a tant d'idées provocatrices que vous n'avez jamais exploitées. Par exemple, le paragraphe saisissant sur la folie et l'inconscient collectif dans *Histoire de la folie à l'âge classique*. Vous notez qu'on peut appréhender toute l'histoire de la folie à travers les gestes des individus enfermés dans les hôpitaux psychiatriques. Ce passage n'a même pas été conservé dans l'édition anglaise.

— C'est vrai ? Je soupçonne que vous en savez plus que moi sur mes textes, déclara Foucault en souriant.

— Les traducteurs anglais de vos travaux m'impressionnent beaucoup, en particulier A. M. Sheridan Smith. Que pensez-vous des traductions de vos livres ?

Foucault se tordit d'impatience puis répondit : « Je n'ai pas d'avis sur le sujet. Je n'ai jamais lu mes livres ! »

— Quand écrivez-vous ? demanda Mike.

— Le matin, répondit Foucault. Je travaille environ cinq heures par jour et garde le reste de mon temps pour d'autres choses.

Au bout d'un moment, je suggérai à Foucault qu'il aimerait peut-être écouter Michael jouer du piano. Foucault accueillit l'idée avec enthousiasme.

Michael s'assit au piano à queue Yamaha et nous offrit une interprétation enflammée de la *Dixième Sonate* de Scriabine, une œuvre de pure sorcellerie. Dès qu'il eut fini de jouer, Foucault, qui avait écouté avec attention, le remercia chaleureusement.

— Très, très beau, déclara-t-il, ça me rappelle la nuit où j'ai rencontré Boulez. C'était un récital de Scriabine à Paris. Nous étions tous deux étudiants à l'époque et j'avais remarqué ce garçon seul, au fond de la salle. J'ai demandé à mon compagnon s'il connaissait ce jeune homme séduisant et, en effet, il le connaissait. On nous a présentés et nous nous sommes vus régulièrement à partir de ce moment.

Tandis que Foucault et Michael poursuivaient leur conversation sur Boulez et la musique contemporaine, j'apportai du café et préparai la pipe pour une première tournée. En lui tendant la pipe, je lui demandai s'il connaissait la série de livres sur Don Juan de Carlos Castaneda, le professeur d'anthropologie à l'université de Californie à Los Angeles. Il avait effrayé les universitaires avec son histoire de shaman qui prenait de la marijuana et du peyotl dans ses quêtes visionnaires.

— J'ai seulement lu le premier livre mais, franchement, je ne m'en souviens pas vraiment, répondit-il.

— L'autre livre en provenance du Mexique qui m'intéresse, c'est *Une société sans école* d'Ivan Illich. Vous le connaissez ? demandai-je.

— Oui, et la thèse du livre m'inspire moi aussi une grande estime. Illich est un homme qui a eu une bonne idée. Je vois que vous avez *Proust et les signes* de Deleuze. Qu'en pensez-vous ?

— Je considère que c'est le meilleur livre sur Proust que j'ai lu.

— Je suis entièrement d'accord, c'est le meilleur, remarqua Foucault.

— Avez-vous lu Proust récemment ?

— Oui, un peu par hasard. Il y avait un exemplaire du *Temps retrouvé* dans la chambre d'étudiant où j'ai habité à mon arrivée à Berkeley. Je suis tombé dessus et l'ai lu d'un bout à l'autre.

— En avez-vous tiré des impressions nouvelles ?

— C'est un livre très intelligent.

Son regard zigzagua sur la grande table basse croulant de livres que j'avais installés pour attirer son attention, puis Foucault attrapa un exemplaire de *Nœuds* de Ronald D. Laing. « J'aime beaucoup ce livre », déclara-t-il, comme s'il savait que j'avais disposé des appâts pour lui accrocher l'œil et déclencher une conversation. « C'est le meilleur livre de Laing – son meilleur livre *théorique* », dit-il en soulignant le mot « théorique ».

— Continuez-vous à lire des ouvrages sur la folie et la civilisation – Erving Goffman, Ken Kesey, ou ce renégat de Szasz, par exemple ? demandai-je.

Foucault répondit : « J'ai lu récemment un livre très intéressant, d'un Italien, sur les relations entre l'asile et le pouvoir politique. »

Je dis à Foucault que l'*Histoire de la folie* avait eu un très grand impact sur moi. « Ça a changé ma vie. Mais il a fallu longtemps avant que le livre ait un impact dans ce pays. »

— En fait, dit Foucault, j'ai envoyé le manuscrit à cinq éditeurs parisiens différents avant d'en trouver un qui le publie. Et encore, on ne l'a accepté que parce qu'un de mes amis l'a défendu devant le comité de lecture de Plon, qui l'a publié sans prendre la peine de le lire. Tous les autres éditeurs ont déclaré que c'était un livre aberrant – incompréhensible, verbeux et invendable. Je n'ai reçu que quelques milliers de francs de droits d'auteur. Le contrat n'était pas exactement équitable. Mais c'est un très vieux livre désormais.

Mike commençait à gigoter. Il s'approcha du lecteur de cassette audio et je me rappelai que, dans la voiture, Foucault avait exprimé le souhait d'écouter la musique de Mike. Avec l'accord de Foucault, nous écoutâmes *Hommage à Mizoguchi*, une fantaisie de sons électroniques, de carillons à vent et de mots japonais prononcés par Michael et modulés mécaniquement pour produire d'étranges échos et des superpositions. Ce travail s'inspirait du film de Mizugochi *L'Intendant Sansho*. La composition comprenait des voix tirées d'un feuilleton japonais et se concluait avec un groupe d'hommes japonais qui chantaient en anglais « *You are my sunshine* ». Cela fit rire Foucault.

— C'est un peu comme une pièce nô, dit Foucault. L'essence du théâtre nô est restituée. J'aime beaucoup. Êtes-vous déjà allé au Japon, Michael ?

— Non, mais j'aimerais drôlement y aller.

— C'est étrange d'être dans un endroit où on ne peut même pas lire les panneaux. Tout est très déroutant. Et Paris, alors ? Y êtes-vous déjà allé ?

— Non, répondit Mike.

— Eh bien, j'aimerais prendre des dispositions pour que vous puissiez étudier avec Boulez à Paris. Ça vous intéresserait ?

— Bien sûr. Mais il faudrait en discuter avec Simeon. Nous pourrions peut-être venir ensemble à Paris.

— Simeon et vous pouvez loger chez moi quand vous voulez.

J'étais si honoré de recevoir une invitation pareille que je déclarai à Foucault que je me considérais comme l'un de ses disciples, bien que je susse qu'il devait détester ce mot. Je suppose que mon éducation de baptiste du Sud continue parfois à colorer mon expression. Foucault, sans dire un mot, me fixa avec une dureté de fer.

Nous prîmes un petit déjeuner à l'aube puis naviguâmes à travers les rues de Claremont chargées de smog. J'expliquai que des autochtones, sans doute pour préserver la valeur de leurs biens, appelaient le smog « brume » au motif que les premiers habitants indiens se référaient à la région comme la « vallée brumeuse ». Je fis remarquer que, pendant l'été et l'automne, le smog était si épais dans cette région de Californie du Sud que le maire de Riverside, une ville des alentours, avait proposé de construire des ventilateurs géants pour le réexpédier à Claremont.

— On essaie d'échapper au smog aussi souvent que possible en allant dans les montagnes ou dans le désert, dit Michael, loin de l'agitation et des querelles humaines.

— Nous vous avons préparé quelque chose de spécial que vous prendrez dans le désert, interrompis-je.

— De quoi s'agit-il ? demanda Foucault les yeux écarquillés.

— Nous avons apporté un puissant élixir, une sorte de pierre philosophale découverte par Michael. Nous avons pensé qu'une quête visionnaire dans la vallée de la Mort pourrait vous plaire.

Le paysage pourrait de lui-même produire une espèce d'effet magique sur vous. C'est une sorte de Shangri-La, à l'abri de la radiation des ondes électromagnétiques et d'autres formes de pollution.

— Ça me plaît, répondit Foucault sans la moindre hésitation. Je suis impatient de commencer.

Mike et moi échangeâmes des sourires malicieux tandis que j'accélérais sur la rampe d'accès à la route 10, qui nous amena à San Bernardino où nous prîmes l'autoroute vers la « Valley of Death », pour reprendre l'expression de Foucault.

— Allez-vous au cinéma et au théâtre ? demandai-je à Foucault.

— Au théâtre, jamais. J'ai perdu tout intérêt pour le théâtre, mais j'aime beaucoup le cinéma. D'ailleurs, je participe en ce moment à la réalisation d'un film d'après un livre que j'ai récemment édité ; il s'intitule *Moi, Pierre Rivière.*

— J'ai lu votre livre. J'étais particulièrement impressionné par l'« autobiographie » du garçon et votre texte sur les commérages. Je n'ai pas vraiment prêté attention aux textes de vos étudiants.

— Moi non plus.

— Écrivez-vous le scénario ?

— Oui. Mais, avec le réalisateur, j'étais occupé ces derniers temps à trouver un garçon sans expérience d'acteur pour le rôle principal, quelqu'un de nouveau, de la campagne.

— Comme le *Lacombe Lucien* de Louis Malle ?

— Oui, absolument. Nous avons trouvé le garçon qu'il nous faut et je suis très satisfait de notre choix. Nous nous attendons à ce que les préparatifs du film prennent un temps considérable, mais ce travail me procure un immense plaisir.

— Avec Antonioni, Jean-Luc Godard doit être mon réalisateur contemporain préféré. Le connaissez-vous ?

— Oui, je le connais. Vous savez qu'il a beaucoup changé après son accident de moto. Il est devenu amer et difficile. J'étais dans ma voiture, juste derrière Godard, quand c'est arrivé. Il a été écrasé entre deux voitures et tout un côté de son corps a été écorché.

— C'est doublement ironique après *Week-End*, qu'il lui a été inspiré, j'imagine, par sa hantise des voitures. D'après ce que j'ai lu, sa mère et sa première femme sont mortes dans des accidents de voiture.

— Je l'ignorais.

— J'ai rencontré Godard une fois, à Claremont, figurez-vous, ajoutai-je. Je lui ai dit à quel point j'admirais *Le Mépris* avec Brigitte Bardot et Jack Palance. « Je le déteste, m'a envoyé Godard à la figure. Il n'est pas assez politique. » Godard m'a expliqué qu'il n'était pas marxiste quand il avait fait le film mais qu'il pouvait tout de même y déceler sa conversion imminente au marxisme.

— Godard est un connard politique ! interrompit Foucault vertement.

— Et grossier, ajoutai-je. En quittant le dîner, Godard a nargué les organisateurs : « Pourquoi les Américains serrent-ils toujours la main ? Pourquoi n'essayez-vous pas autre chose, comme m'attraper la cuisse ou cracher ? » Franchement, je ne trouve pas la cuisse de Godard assez aguichante pour l'attraper.

Nous traversâmes la ville de Chino. J'informai Foucault de la présence d'une prison dite modèle, à sécurité allégée.

— Je connais votre intérêt pour la fonction sociale des prisons, dis-je à Foucault. N'avez-vous pas mis en place un mécanisme au moyen duquel les prisonniers français peuvent correspondre entre eux et exposer leur vie et leurs griefs ? Il y a quelques années, un ami parisien m'a raconté que votre soutien aux prisonniers français vous avait rendu célèbre auprès du grand public, qu'à ce titre vous apparaissiez même dans les journaux féminins.

— Je ne sais pas pour les journaux féminins, mais j'ai parfois l'impression d'être une vedette. En tout cas, j'ai participé au Groupe d'information sur les prisons, qui n'était pas réformiste, au sens où nous n'avions pas d'idée particulière de ce que devait être une prison idéale, mais nous voulions faciliter les moyens par lesquels les prisonniers parlent en leur nom de ce qui est intolérable dans le système. Nous avons créé une lettre d'information qui était rédigée et éditée par des prisonniers, mais nous avons rencontré d'énormes difficultés pour la publier et elle n'existe plus.

— J'ai cru comprendre que vous aviez écrit quelque chose sur vos impressions d'Attica, que vous avez visitée après l'émeute et le massacre des prisonniers, et que, dans l'article, vous affirmiez que la prison américaine était différente de la française.

— À vrai dire, dit Foucault, je ne suis jamais entré dans une prison française. Les autorités ne me l'ont jamais permis. Avez-vous lu *Les Frères de Soledad*, les lettres de prison de George Jackson ? Elles m'ont beaucoup touché. Genet, Deleuze et moi avons récemment collaboré à une introduction de l'édition française des lettres [1].

J'admis ne pas avoir lu les lettres mais être récemment tombé sur le *May Day Speech* de Genet en parcourant les rayons de la librairie City Light à San Francisco. « Il est vrai que Genet a fait une déclaration puissante en soutien aux Back Panthers », dis-je.

— Genet s'est beaucoup intéressé aux Black Panthers, poursuivit Foucault. Il s'est passé quelque chose d'étrange après que nous avons publié les lettres de Jackson. Genet a appris que le meurtre de Jackson était un coup monté de l'intérieur ; il a été la victime d'une querelle dans son propre groupe.

— Est-ce que vous voyez souvent Genet et Deleuze ? demandai-je.

— Oui. Genet et moi sommes très proches. Il est tellement fuyant, vous savez. Où qu'il vive, il reste près d'une gare, les valises faites. Il dit que c'est une habitude. Il faut qu'il sente qu'il peut partir rapidement. Je marchais un jour près du Palais-Royal

1. George JACKSON, *Les Frères de Soledad. Lettres de prison*, Gallimard, Paris, 1971.

avec Genet et Deleuze. Une dame s'est approchée soudainement et s'est adressée à lui : « Vous ne seriez pas Jean Genet ? » Genet s'est tourné vers nous et nous a dit, exaspéré : « Pourquoi est-ce qu'ils me reconnaissent toujours *moi* ? »

— J'aimerais savoir ce que Genet a pensé de la biographie que Sartre a fait de lui, demanda Michael quand nous cessâmes de rire de la précédente anecdote.

— Genet a déclaré que c'était un livre excellent, répondit Foucault – les dents blanches tellement flashy qu'elles donnaient l'impression d'être fausses –, à ceci près que Sartre n'avait *rien* compris à sa personne, qu'il n'avait pas même commencé à comprendre.

Cette remarque déclencha d'autres rires.

— À la lecture de l'ouvrage révolutionnaire de Deleuze et Guattari sur le capitalisme et la schizophrénie, poursuivis-je, je me suis demandé si Deleuze était une personne du genre excentrique.

— Vous ne trouveriez pas Deleuze si insolite que cela, répondit Foucault. Il a l'air absolument conventionnel. Il est marié et a deux enfants.

— Comment Deleuze et Guattari se sont-ils rencontrés ?

— Au cours de ses recherches philosophiques, Deleuze a commencé à s'intéresser à la schizophrénie. Il a cherché autour de Paris une personne qui pourrait lui en dire plus sur la schizophrénie. Un ami lui a suggéré de rencontrer Guattari, qui dirigeait à cette époque une clinique pour malades mentaux au sud de la région parisienne.

Michael servit de l'Irish coffee chaud qu'il avait acheté à l'aéroport au Japon.

— Je suis très surpris que vous n'ayez jamais essayé les psychédéliques, dit Mike à Foucault. N'avez-vous pas accès aux meilleures variétés en Europe ? Après tout, le LSD a été découvert par Albert Hofmann en Suisse, quelques semaines seulement après l'invention de la bombe atomique. Une conjoncture marquante.

— L'occasion s'est présentée, mais je n'en ai jamais pris, répondit Foucault. Mon copain s'y est toujours opposé et j'ai respecté sa volonté.

— J'imaginais, coupai-je, que R. D. Laing vous avait poussé à expérimenter les états seconds. Mais cela implique que Laing et vous soyez amis. Je suppose que vous vous connaissez au moins, puisque certains de vos livres ont paru dans la collection de Laing, « World of Man ».

— Non, en réalité je n'ai jamais rencontré Laing. C'est David Cooper, un ami et collègue de Laing, qui a négocié les modalités de publication des traductions anglaises.

— Comment Cooper a-t-il découvert l'*Histoire de la folie à l'âge classique* ?

— Cooper et Laing ont été très marqués par les textes de Sartre. Cooper a continué à lire les textes de philosophie et de psychologie français. Il est tombé sur mon livre à Paris et m'a ensuite demandé s'il pouvait le publier en anglais. J'ai donné mon accord et ça a été le début de notre amitié.

— Continuez-vous à voir Cooper ?

— Cooper vit désormais à Paris et il a dîné à la maison peu de temps après son arrivée. C'était un homme malheureux, complètement désemparé. Il ne travaille plus avec Laing. Il a donné une conférence à Paris il y a peu de temps, et bien que je n'y aie pas assisté, j'ai cru comprendre qu'il avait déploré le retour de Laing aux théories classiques de psychologie et l'abandon du travail qu'ils avaient mené ensemble.

— J'aime beaucoup le titre qu'on a donné à l'édition anglaise de *Les Mots et les Choses*. Mais pourquoi l'avez-vous changé ?

— Il existait déjà des livres importants en anglais portant le titre *Words and Things*. D'ailleurs, je préfère largement le titre *The Order of Things*. Je tenais vraiment à ce que l'édition française originale porte ce titre, mais on trouvait que *L'Ordre des choses* faisait livre de biologie sur la classification des espèces.

Nous contemplâmes au loin l'échangeur routier monumental à quatre niveaux. Foucault fit un commentaire sur la férocité du smog, il dit que l'air de Paris était mauvais mais que ce n'était rien en comparaison.

Après un moment de silence, je demandai à Foucault s'il avait aimé son année d'enseignement à Vincennes, qui se présentait comme l'avant-poste radical de l'université de Paris.

— J'ai détesté, dit-il. Tout le cadre – noter les étudiants, etc. – était fastidieux, très ennuyeux. Il y avait tellement de filles. J'ai répugné à lire toutes les dissertations, un rituel universitaire qui m'insupporte. J'étais très heureux de quitter les lieux.

Je partageais mes propres contrariétés relatives au format éducatif traditionnel. Je dis à Foucault à quel point j'avais l'impression de m'être trahi en travaillant dans un réseau d'établissements dominé par une mentalité reaganienne et une religiosité écœurante. J'expliquai que je me sentais même coupable de recevoir pour mon Programme d'études européennes des fonds fédéraux distribués par le gouvernement actuel.

— Je vous comprends parfaitement, dit-il. De même que votre dépendance aux contraintes financières actuelles de l'enseignement. J'ai été durement critiqué par des gauchistes français pour mon enseignement au Collège de France, une institution d'État, et pour avoir cherché à obtenir de l'argent et des postes pour les étudiants. Mais que faire ? Il faut bien que les étudiants gagnent leur vie.

— Vous votez, Michel ?

— Oui, je vote et j'ai été critiqué par la gauche pour cela aussi. J'ai voté pour Mitterrand et des gauchistes ont dit : « Pourquoi perdez-vous votre temps dans les politiques électorales, on a besoin d'une révolution. » Je leur ai dit ceci : « Êtes-vous bien sûrs de vouloir une révolution ? »

— Je comprends ce que vous dites. N'êtes-vous pas surpris de la façon dont tous les chefs d'État et toutes les bureaucraties se ressemblent dans les pays occidentaux ? C'est déprimant, n'est-ce pas ?

— Oui, j'ai noté la ressemblance.

— J'ai expliqué votre travail à mon frère David, qui est avocat. Je compte sur lui et sur tous les autres adeptes de votre pensée pour réformer nos institutions, dis-je.

— Réformer ? lâcha Foucault vivement. Son intonation était chargée d'un tel mépris que j'en étais ébranlé. Plus tard, Foucault m'envoya son exemplaire d'auteur de *Surveiller et punir*, que j'encadrai dans une espèce de petite prison, ce qui l'amusa beaucoup. C'est à ce moment seulement que je compris combien la société disciplinaire – l'expression que Foucault utilise pour parler de la civilisation occidentale moderne – s'était en permanence renouvelée par la « réforme ». À la fin du XVIIIe siècle, la société disciplinaire est née des ambivalences de la réforme. Sous prétexte de réformer la prison, elle a réellement institué un nouveau genre de prison, bien plus cruel et contre-productif que tout ce qui avait précédé.

J'étais un moulin à paroles. Je mis un terme salutaire à mon interrogatoire par une référence à la formule de Heidegger : « la discipline de garder le silence ». Foucault la reconnut et parut soulagé de m'entendre la prononcer. Par mon expression et le ton de ma voix, je laissais penser que j'allais essayer de me soumettre à cette discipline, même s'il m'était difficile de garder le silence en sa présence. Je voulais tant apprendre de lui et à son sujet.

Sans attendre, je transgressai notre accord. « Vous souvenez-vous de vos rêves, Michel ? » demandai-je, dans l'espoir de le faire parler de son livre sur l'interprétation des rêves.

— Non, je n'y arrive pas, soupira-t-il. J'essaie de m'en souvenir, mais ils m'échappent quelques minutes après le réveil. Vous souvenez-vous de vos rêves, Simeon ?

— Oh oui, presque trop clairement. Récemment, j'ai rêvé des bars cuir de San Francisco.

— J'imagine bien, remarqua-t-il sur un drôle de ton, comme s'il insinuait qu'il valait mieux y être qu'en rêver.

Après avoir roulé environ quinze minutes à travers les montagnes arides, j'enfreignis une fois encore le règlement et lançai : « Michel, êtes-vous en relation avec Lévi-Strauss au Collège de France ? J'ai été indigné quand il a annulé son séminaire après que ses étudiants se sont opposés à son entrée à l'Académie française. J'ai été encore plus écœuré par la lecture de son discours grandiloquent devant l'Académie sur la nécessité des institutions traditionnelles. »

— Lévi-Strauss est un homme très conservateur, reconnut Foucault. Et il se comporte parfois très mal. Il écrit trop de livres qui le retiennent enfermé dans son bureau. Si bien qu'il ne connaît pas le monde. Les chercheurs font une grande erreur en entreprenant d'écrire et de publier tout ce qu'ils ont à dire. On devrait écrire quelques bons livres seulement et laisser nos étudiants poursuivre les travaux dans lesquels nous nous sommes engagés. Sinon le chercheur passe trop peu de temps dans le monde et il n'a pas le loisir de le connaître.

— Lévi-Strauss a-t-il lu votre travail ?

— Je crois que oui. Il m'a dit une fois que, malgré tous ses efforts, il n'arrivait pas à comprendre ce que je faisais. Il a dit qu'il était absolument déconcerté par mes livres.

— J'ai été déconcerté par un de vos textes. Il s'agit d'un article que vous avez écrit pour *Tel Quel* sur Robbe-Grillet et le nouveau roman. Je l'ai presque trouvé gratuit.

— Franchement, je suis d'accord avec vous. Il était gratuit en un sens. J'ai écrit l'article au début des années 1960 quand *Tel Quel* et le roman expérimental avaient besoin de soutien.

J'ai fait l'article comme un service rendu à *Tel Quel*, comme une marque de solidarité envers les tentatives du groupe de créer des formes et des styles nouveaux. Mais Philippe Sollers et son cercle pensent qu'ils vont changer le monde avec des livres ! conclut franchement Foucault.

— Des romanciers ont-ils eu un grand impact sur vous ? demandai-je.

— Malcolm Lowry, répondit Foucault dans l'instant. *Sous le volcan*. Faulkner également, et Thomas Mann a exercé une très grande influence sur moi quand j'étais étudiant à Paris. Mais c'est Faulkner qui a le plus compté. Il y a quelques années, mon copain et moi avons voyagé dans la région de Faulkner. Nous sommes partis de La Nouvelle-Orléans et nous avons traversé le pays créole jusqu'aux régions confédérées du Mississippi. Nous ne sommes pas allés au-delà de Natchez. Nous voulions rejoindre Oxford, la maison de Faulkner, mais c'était trop loin et nous n'avions plus de temps.

— C'est surprenant, vous n'avez jamais fait référence à ces figures dans votre travail.

— Je ne fais jamais référence aux personnes qui m'ont le plus marqué, dit Foucault, ironique. « Connaissez-vous un roman de Jean-Antoine ...... ? » Je ne me souviens pas du nom complet que Foucault m'a donné et, quand je l'ai revu, j'ai toujours été trop gêné de l'admettre.

— Non.

— C'est le roman autobiographique fantastique d'un jeune homme dans la vingtaine. Il l'a commencé quand il avait seize ans et s'est isolé pendant cinq ans pour y travailler sans interruption. Un jour de Noël, il y a quelques années, mon copain et moi regardions la télé quand le téléphone a sonné, une voix inconnue m'a demandé si je pouvais lire un roman inédit. J'ai invité l'auteur à l'appartement dans l'après-midi et nous sommes devenus amis. Je me suis arrangé pour faire publier le texte.

Notre conversation fut brusquement interrompue par le spectacle d'énormes formations rocheuses amassées tels des icebergs brisés sur une île. Les surfaces pointues, entrecroisées, m'évoquèrent *La Mer de glace* de Caspar David Friedrich. Foucault prit note de ma comparaison. Les montagnes à l'ouest inclinaient leurs flancs matelassés vers le soleil du matin.

Mike sortit de sa sieste et lança une deuxième tournée de café et de pipe.

— Avez-vous visité les bars interlopes de Folsom Street depuis votre arrivée à San Francisco ? demanda Michael à Michel.

— Bien entendu, répondit Foucault avec le sourire d'un clown maléfique.

— Et même The Barracks ? rebondit Michael.

— Oui. Quel endroit cru ! Je n'avais jamais vu un tel étalage de sexe dans un bar.

— Avez-vous la panoplie du *leather man* – la casquette à visière en cuir, les jambières, les pinces à téton, et le tout le reste ? s'enquit Mike.

— Oh, absolument, répondit Foucault, complice.

— Et Cabaret ? coupai-je, faisant référence à l'un des bars dansants tape-à-l'œil de North Beach.

— J'y suis allé seulement quelques heures un soir. Tant de beaux garçons s'offrent en spectacle avec une telle joie et une telle insouciance ! Il n'y a rien de comparable en France. Il n'y a même pas d'endroits où les gays peuvent se réunir et danser en public. En France, les bars sont encore presque clandestins, peu engageants. De toute façon, les bars ressemblent un peu trop à des prisons pour gays. Trop contraints et anonymes, trop emprisonnants.

— Et les saunas de San Francisco, alors ? reprit Mike.

— Oui, je suis allé au sauna. Un soir, j'y ai rencontré un beau jeune homme qui m'a raconté qu'il allait, comme beaucoup d'autres garçons, au sauna plusieurs fois par semaine, souvent sous l'emprise de stimulants et de poppers. Un tel mode de vie me semble extraordinaire, inouï. Ces hommes vivent pour la drogue et le sexe sans lendemain. C'est incroyable. Il n'y a pas d'endroits pareils en France.

— Simeon et moi nous sommes rencontrés au sauna, dit Mike à Foucault. Nous avons tous ri du ridicule de la situation.

— À l'Athletic Club de la Troisième Rue, ajouta Mike.

— Nous avons parlé des heures durant dans une des cabines obscures et fait l'amour avant même de nous voir. Nous étions dans une pièce à couchettes et y avons brisé le tabou de la parole. Joignant l'offense à l'interdit, nous avons parlé musique. Chopin et Rachmaninoff, Pollini et Michelangeli. Simeon est aussi pianiste, comme vous le savez. Nous ne pouvions pas nous en empêcher. Les mecs de la pièce ont fini par sortir de leurs recoins obscurs et sont partis en rogne.

— Merveilleux ! interrompit Michel avec un grand éclat de rire. Quand cela est-il arrivé ?

— Quelques jours avant le dernier Thanksgiving, précisa Mike.

— Glou, glou, glou, gloussa-t-il et nous rîmes de nouveau.

— Je me pose une question depuis que j'ai écouté votre conférence sur la masturbation à Irvine, lança Mike. Vous masturbez-vous ?

— Bien sûr, Michael, dit Foucault sans hésitation.

— Sûrement pas autant que Simeon, ajouta Mike.

— Tu peux parler, répliquai-je.

— Trouvez-vous que nous tirons trop de plaisir de nos queues ? demanda Mike, un peu coupable.

— Il n'y a rien de mal à cela si vous avez le temps, affirma Foucault sérieusement, puis il rit comme si nous étions des petits garçons jouant au docteur sur la banquette arrière de la voiture. La lumière du désert devenait intense, je lui tendis une paire de lunettes de soleil avec des verres réfléchissants et une grande monture blanche. Il avait l'air, lui dis-je, du fils de Kojak et d'Elton John. Il était enchanté.

Je demandai à Michel s'il avait des liens de parenté avec le Foucault cité par Freud dans sa bibliographie de *L'Interprétation des rêves*, ou avec le Foucault qui avait perfectionné le pendule.

— Non, répondit-il. Je détestais mon père. Il était médecin, mais sans aucun lien avec la personne citée par Freud. Foucault est un nom courant en France, comme Smith aux États-Unis.

— Quel enfant étiez-vous, Michel ? Étiez-vous précoce, à passer beaucoup de temps à étudier, à impressionner vos maîtres ?

— Pas vraiment. J'ai passé le plus clair de mon temps derrière la grange – pour utiliser une de vos expressions américaines. J'étais ce qu'on appelle un jeune délinquant. Mon père m'avait à l'œil et me punissait. Il m'a retiré de l'école publique et placé dans une des écoles catholiques les plus strictes qu'il a pu trouver. Mon père était tyrannique.

— Et votre mère ? demanda Mike.

— Je passe trois semaines par an avec ma mère. Je ne les rate jamais. Pendant l'été en général.

— Avez-vous des frères et sœurs ? poursuivis-je.

— Les deux.

— Passez-vous du temps avec votre frère ?

— Non, nous nous contactons peut-être une ou deux fois par mois.

Nous atteignîmes Green Acres, un village du désert sorti de *La Quatrième Dimension*. Michael interrompit notre conversation avec une urgence polie : « S'il vous plaît, un moment, j'entends l'appel de la Nature[2]. » Foucault éclata de rire, sans doute soulagé que le français enjoué de Michael mette un terme à toutes ces discussions sérieuses.

2. En français dans le texte.

Nous sortîmes de la voiture dans la chaleur brûlante de midi. L'air du désert était stagnant et chaud comme les cendres du fond de la pipe, que Michael éteignit précipitamment après avoir aperçu un policier discutant avec l'employé de la station-service. Nous nous aspergeâmes le visage d'eau fraîche et nous bûmes le jus d'orange pris dans le frigo du coffre.

Quand nous fûmes prêts à partir, Michel insista pour aller sur le siège arrière d'où il ressemblait à une créature de l'espace avec ses nouvelles lunettes de soleil. Il restait calmement assis, scrutant le désert à travers ses lunettes, alors que Mike et moi avions une conversation animée sur *Stimmung* de Stockhausen.

Nous prîmes la décision de pique-niquer devant la vaste étendue de la Panamint Valley, une vallée voisine de la vallée de la Mort, située à quelques heures seulement en voiture. Nous tournâmes à droite à Olancha pour prendre la route 190, puis nous traversâmes les étendues désolées qui forment le lit asséché du lac Owens. Nous atteignîmes le haut chaînon Panamint et naviguâmes sur la route étroite et poussiéreuse menant au promontoire de Father Crowley, qui offre une vue sur le nord de la Panamint Valley. De là, on pouvait voir l'endroit où la « Manson Family » avait vécu et d'où elle avait lancé une guerre contre les bulldozers dont elle jugeait qu'ils détruisaient le paysage.

Nous dépliâmes une couverture au centre d'un petit promontoire circulaire d'où se dégageait l'intimité d'un nid d'aigle, en porte-à-faux au-dessus de la roche-mère 1 500 mètres plus bas. Foucault se précipita brusquement vers le bord pour contempler la vaste étendue de vent et de pierres. Sous lui, l'autoroute tournoyait vers l'immense vallée comme une double hélice laquée. Foucault se tenait immobile, fasciné par le flot de rochers qui se déversaient dans la vallée depuis le nord-est. Je lui offris deux petits cailloux colorés en souvenirs de Panamint. Il les posa sur le tableau de bord et les y laissa.

Au bout d'un moment, nous nous assîmes en tailleur sous le soleil d'été. Mike redoutait que Michel n'attrape une insolation à cause de son crâne dégarni. Michel lui assura que tout irait bien. Mike lui demanda pourquoi il était si chauve et il répondit en riant qu'il avait perdu tant de cheveux qu'il avait pensé : « Et puis zut, autant tout raser ! » Nous mangeâmes des antipasti, des cœurs de palmier et du pain au levain. Les yeux de Foucault brillèrent d'approbation devant le vin californien et il examina la vallée tel un éclaireur indien. Comme à l'ordinaire, il mangea frugalement.

En retournant vers la voiture par le terrain heurté, Foucault me demanda si je connaissais le travail de Mark Tobey. Je lui répondis que je l'aimais beaucoup. « Pendant des années, j'ai eu très envie d'avoir un tableau de lui, dit Foucault. Et j'ai finalement pu acheter une de ses peintures avec les droits d'auteur de *Les Mots et les Choses*. Une toile entièrement blanche. Elle est maintenant accrochée dans mon appartement à Paris. »

— Avez-vous gagné beaucoup d'argent avec vos livres ? demandai-je sans détour.

— Pas vraiment. Je n'ai pas gagné beaucoup d'argent dans ma vie.

La blancheur miroitante de la vallée me rappelait le début de *Profession : reporter* d'Antonioni. Foucault déclara qu'il ne l'avait pas vu.

J'ajoutai que j'avais eu envie de visiter la Californie pour la première fois en voyant *Zabriskie Point* à Londres en 1970. Pour l'étudiant de Harvard que j'étais, la Californie représentait jusque-là une menace pour la civilisation.

Foucault dit qu'il avait vu le film, mais à la télévision française. « Le petit écran et la mauvaise transmission ont conspiré à diminuer l'effet du film, ajouta-t-il. Franchement, je l'ai oublié.

— Vous verrez ici la réalité dans un état étrange. Vous aurez certainement envie de revoir le film.

— J'en ai bien l'intention.

Je pris une photographie du soleil. J'expliquai à Foucault que Picasso avait déclaré dans un entretien qu'il fixait souvent le soleil du regard quand il était enfant en Catalogne. Foucault ignorait cette anecdote et me remercia de la lui avoir rapportée. Il était toujours content quand quelqu'un lui racontait quelque chose qu'il trouvait utile ou intéressant.

Nous nous engageâmes sur le tronçon final avant l'entrée de la vallée de la Mort, là où devait commencer notre « voyage au centre de la Terre ». Nous roulâmes tranquillement vers le col Towne, à 1 500 mètres au-dessus du niveau de la mer. Nous nous arrêtâmes un instant pour contempler l'étendue parabolique de terre devant nous. Sur notre gauche, une masse gigantesque d'ardoise et de calcaire séparait deux énormes chaînes de montagnes, Grapevines et Cottonwoods, et se déversait dans les dunes de sable de Mesquite Flat. La vallée de la Mort s'enfonçait dans la terre comme un plexus solaire entouré des Black Mountains, à l'horizon au loin, et de la crête dentelée du chaînon Panamint, sur notre droite.

Pendant que nous dévalions l'étroite route asphaltée, j'expliquai à Foucault que j'avais le sentiment de retourner au fondement primitif de mon subconscient, même si ce n'était que ma troisième visite dans la vallée de la Mort. « Mystique », c'est le seul mot que je trouvai pour rendre compte de mon expérience ici. Mike était d'accord avec moi.

Nous atteignîmes le fond de la vallée dans le milieu de l'après-midi et longeâmes le village de Stovepipe Wells. Après le village, nous passâmes devant l'affleurement de dunes de sable qui se déplacent continûment à travers la vallée. Nous roulâmes à toute allure dans le Devil's Cornfield, une plantation de *cachanillas* que les Indiens de la région fument comme tranquillisant. Nous restâmes sur la route 190, prîmes un virage serré vers la droite qui nous amena vers le sud-ouest par le centre de la vallée, suivant la ligne exacte du niveau de la mer.

Après quelques kilomètres, nous aperçûmes des rochers formant une colonnade autour d'un petit lac. Un poisson ancien y réside, le cyprinodonte – fossile vivant vieux d'un million d'années. On pense qu'il descend des poissons d'un très grand lac qui s'étendait entre ces montagnes à la fin de l'ère glaciaire.

Nous entrevîmes à quelques kilomètres au loin une palmeraie, scintillante comme dans un mirage. Elle ceinturait un complexe hôtelier installé dans une oasis, le ranch de Furnace Creek. Il faisait 46 degrés quand nous roulâmes à travers les luxuriants lauriers-roses en fleur. Après avoir procédé au check-in, nous décidâmes de nous prélasser environ une heure dans l'air conditionné. Michel fit une sieste pendant que Michael et moi regardâmes le livre qu'il nous avait rapporté de San Francisco, *Intellectuelles et femmes socialistes* de Daumier.

Michel Foucault et Michael Stoneman dans la vallée de la Mort en mai 1975 © David Wade.

Michel Foucault et Michael Stoneman dans la vallée de la Mort en mai 1975 © David Wade.

Michel Foucault et Simeon Wade à Claremont en mai 1975 © David Wade.

ARTIST'S PALETTE

Rafraîchis, nous partîmes en direction d'Artist's Palette, un cône de déjection au pied d'une gorge située à environ 8 kilomètres au sud du ranch de Furnace Creek. En prenant la route de l'Artiste sur la gauche, nous nous frayâmes un chemin dans un corridor étroit entouré d'énormes rochers, avant d'atteindre le poste d'observation surplombant un arc-en-ciel de minerais du Précambrien, qui s'étaient oxydés à travers les millénaires en buttes iridescentes posées le long de la gorge. Certaines de ces buttes étaient assez petites pour qu'on puisse y jouer à chat perché, d'autres dominaient la vallée par leurs dimensions. Toute la zone était déserte.

Nous prîmes le chemin bordé d'atriplex argentés. Les iguanes léopards détalaient dans toutes les directions. Michael sortit la potion magique sous le regard attentif de Foucault. Je pouvais entendre, à l'intérieur de moi-même, les cadences de la nuit d'amour dans *Tristan et Iseult.*

Foucault paraissait inquiet, il s'éloigna, l'air grave. Michael et moi discutâmes de ses dispositions. Nous savions tous les deux que, prise sous quelque forme de contrainte, la potion pouvait plonger le récalcitrant en plein désarroi. Nous ne voulions en aucun cas imposer quoi que ce soit à Michel. Foucault revint rapidement et déclara, le regard hésitant, qu'il souhaitait seulement en prendre la moitié car c'était la première fois qu'il expérimentait une potion si puissante.

Je pris Foucault par le bras et nous marchâmes un moment. Je compatis à son appréhension mais je lui garantis que la portée du périple diminuerait sensiblement s'il devait prendre moins de potion que la quantité prescrite. Il réfléchit un long moment à mes propos puis rejoignit soudainement Michael et lui demanda comment la potion devait être ingérée.

Suivant les instructions, Foucault mouilla le bout de son doigt puis pressa la substance contre ses dents inférieures et avala bruyamment. Ensuite, nous nous enfonçâmes ensemble dans Artist's Palette, qui étincelait dans les rayons du soleil couchant telle la mosaïque d'un tombeau éclairée par la lampe torche d'un archéologue.

Foucault était silencieux et en retrait durant la descente du talus en direction du fond de la gorge. Michael portait son petit sac noir avec l'attirail qui assurerait le bon déroulement de l'expédition. En sécurité au fond de la gorge, nous commençâmes à nous faufiler à travers un chemin étroit, flanqué de rochers massifs qui nous surplombaient comme des auvents.

— Au bout de combien de temps la potion commence-t-elle à faire effet ? demanda Michel.

— Vingt à trente minutes, répondit Michael. Mais nous allons l'amplifier avec de l'herbe et de la liqueur.

Nous atteignîmes une crevasse entre une procession de collines orange et pourpres. Nous nous assîmes sur un banc de gravier moelleux. Michael alluma une pipe. Il garantit à Foucault que quelques bouffées faciliteraient son voyage dans un état de conscience supérieure.

Puis Michael ouvrit son sac et sortit trois verres en plastique et une bouteille de Grand Marnier. Je saisis la cigarette au jasmin tant attendue, elle était couverte d'une bande dorée, et la partageai avec Michael seulement car Michel ne fumait pas de tabac. Nous fûmes bientôt submergés par une confluence de parfums extraordinaires.

Michel s'installa confortablement dans une fente entre deux monticules bleu turquoise. Il avait les yeux alertes, il restait toutefois silencieux et paraissait vaguement perplexe. Mon inquiétude à son sujet s'atténua lorsqu'il réclama la pipe, inhala une grande bouffée et la tendit avec un grand sourire.

— Il est très difficile de trouver des drogues pures en France, dit Michel, considérant de toute évidence que l'élixir divin possédait les propriétés d'une drogue. Il sirotait son Grand Marnier. « Même ce qu'il y a de bon en France finit aux États-Unis. Je ne comprends pas. Non pas que j'aie manqué l'occasion d'essayer toutes sortes de choses en France. J'ai été à des fêtes où on m'a même proposé du LSD, mais, comme je vous l'ai dit, j'étais avec mon copain, qui a refusé pour nous deux. Peut-être résiste-t-il aux drogues hallucinogènes parce qu'il a un rapport particulier à son corps. Après tout, nous sommes nos corps ! » Foucault s'arrêta et ajouta : « Et quelque chose d'autre. »

Voilà, ai-je pensé. C'est la révolution de la conscience annoncée par Foucault. Tous les autres philosophes occidentaux ont commencé et fini avec l'esprit, avec les idées. Foucault affirme la primauté du corps et le pouvoir du discours.

— Je suis en train d'écrire un livre sur le corps, dit Foucault.

— Je suis impatient de le lire. Avec cette définition de la nature humaine, ai-je dit, vous avez porté un coup à toute la tradition philosophique occidentale. Depuis mon premier périple dans la vallée de la Mort, je me demande pourquoi les philosophes et les théologiens n'ont pas cessé, à partir de Platon, d'avilir le corps et d'aduler l'esprit.

Foucault semblait souscrire à mon analyse, mais il n'ajouta rien. Il était évident qu'il ne voulait pas parler de philosophie. Michel et Mike partirent chacun de leur côté. Je les regardais entrer et sortir des cavités rocheuses, s'arrêter pour examiner au sol une constellation de cailloux striés, puis gravir une autre montagne miniature pour apercevoir au loin une crête se dresser sur l'horizon bleu d'encre. Les strates de couleurs vives voletaient sur les parois de la gorge comme des serpentins dans un défilé.

Je proposai à Foucault de me rejoindre en haut d'une saillie offrant une vue sur le désert, plusieurs dizaines de mètres en contrebas. Il gravit la pente escarpée avec l'agilité d'un acrobate. À l'horizon, devant nous, le soleil s'éloignait du pic Telescope pour se fondre dans la vallée, 3 600 mètres plus bas. Michael s'assit au sommet d'une colline tout près et alluma son magnétophone. Pendant que nous regardions les ombres s'étendre sur la plaine alcaline, les dissonances de *Three Places in New England* résonnèrent contre les parois de la vallée. Foucault et moi fûmes pris d'un rire extatique, le son nous transperça jusqu'aux sols salins qui scintillaient tel le glaçage d'une pièce montée.

— Vous savez, dit Foucault, Genet préfère le rire au sexe.

L'ironie du grand écrivain du sexe qui, en vérité, préférait rire, rendit tout encore plus drôle. Nous contemplâmes une montagne devant nous qui avait la forme d'une pyramide maya.

— A-t-on, à une autre époque, sous une autre ère, perçu la Terre comme nous la percevons aujourd'hui ? demandai-je à Foucault.

— Non, répondit-il catégoriquement. Personne, au cours de l'histoire, n'a vu la Terre comme cette préparation et le temps que nous passons ensemble nous permettent maintenant de la voir.

Après avoir déambulé dans les collines pendant un moment, Michael indiqua qu'il fallait partir.

— Partir ? dit Foucault, stupéfait. Comment abandonner une telle splendeur ? Pourquoi ne pas rester ici ? Je ne peux pas imaginer trouver plus bel endroit.

Mike finit par le convaincre. Nous redescendîmes vers le chemin sinueux qui serpentait entre d'imposants monolithes semblables aux sculptures de Henry Moore. Je me retournai pour voir comment Michel s'en sortait. Il avançait sans hâte, caressait la surface grisonnante des roches. Je prononçai quelques mots d'Héraclite : « De choses répandues au hasard, le plus bel ordre, l'ordre-du-monde. » Il sourit. Quand nous arrivâmes au parking, nous ne pûmes nous retenir de nous retourner et d'admirer une dernière fois la splendide palette en train de se parer de sa teinte crépusculaire.

ZABRISKIE POINT

En roulant lentement sur la route de l'Artiste, j'avais l'impression de faire un tour de manège dans la caverne de *La Vierge aux rochers* de Léonard de Vinci. Chaque élément se détachait clairement et distinctement. Tout paraissait artificiel. Je percevais les phénomènes sur plusieurs niveaux simultanément, comme si mon esprit était un magnéto à huit pistes, chaque sensation ayant plusieurs pistes dédiées. Je pouvais parler, penser, désirer, entendre, voir, sentir, imaginer, me souvenir sur plusieurs niveaux connectés à des effets merveilleux. Une synesthésie incroyable, des mondes grandioses d'enchantement, un paradis proustien retrouvé.

Soulagé d'avoir traversé sans encombre les cimes du désert, nous nous arrêtâmes un moment à l'entrée de l'autoroute et nous inhalâmes l'air frais soufflant sur les bassins alcalins. Nous prîmes un virage serré sur la droite puis nous roulâmes en direction du nord, sur la route 178. Michael ralentit pour que nous puissions observer le rocher-champignon.

Nous dépassâmes le Golden Canyon qui exhibait ses tapisseries pailletées. Sur notre droite, on pouvait contempler le Terrain de golf du diable, une étendue de cristaux de sel semblable à une métropole gelée vue depuis un satellite. De ce point de vue, on voyait le désert s'abaisser abruptement jusqu'à l'altitude la plus basse en Amérique du Nord, environ 90 mètres au-dessous du niveau de la mer. Les montagnes au loin donnaient à voir un arc-en-ciel d'une myriade de couleurs ondoyantes, en harmonie avec les nuages fluorescents qui sillonnaient le ciel à vive allure.

— Les rythmes décoratifs des nuages et des strates m'évoquent Gauguin, dis-je. Comment Artaud a-t-il pu à ce point mépriser Gauguin, qu'il a qualifié de peintre de fantômes en le comparant à Van Gogh ?

— Ah, cet Artaud était un vrai snob, répondit Foucault. Van Gogh commençait tout juste à être à la mode quand il a écrit ce texte et Artaud voulait être en avance sur tout le monde.

— Tout est soit art nouveau soit art déco, murmura Michael, philosophe.

— Tu veux dire soit organique soit géométrique, remarquai-je.

Puis mon attention se fixa soudainement sur des visages fantastiques formés par les ombres qui creusaient les parois de la montagne. Je fis référence à la scène d'ouverture de *Zardoz*, avec sa représentation magritienne d'un sphinx de pierre monumental qui navigue dans le ciel.

Foucault, qui ne connaissait pas le film, déclara : « *Le Château des Pyrénées* est un de mes tableaux préférés de Magritte. J'ai vu l'original accroché à New York, dans l'appartement d'un avocat. Il avait aussi d'autres chefs-d'œuvre de Magritte. C'est merveilleux de voir tous ces tableaux au même endroit. »

— Je viens de lire votre livre sur Magritte, dis-je. J'ai été surpris que vous considériez que Kandinsky et Klee sont les deux forces génératrices de l'art moderne. J'aurais pensé Picasso et Duchamp. Mais votre livre me fait porter un regard nouveau sur Magritte.

— Je suis vraiment intrigué par Magritte. J'ai reçu plusieurs lettres intéressantes de lui, poursuivit Foucault. Leur contenu était si subtil et obscur que je ne suis pas certain de les avoir comprises. À un moment, Magritte affirme que les artistes peuvent être divisés en groupes : ceux qui parviennent à la « similitude » et ceux qui représentent la « ressemblance ». Il pense qu'il y a une poussée de l'art occidental en direction de la similitude. Mais Magritte affirme représenter la ressemblance, la meilleure façon de communiquer l'expérience véridique, par opposition à la simple analogie.

Nous atteignîmes la route 190 et nous dépassâmes le ranch de Furnace Creek en prenant à droite. Nous arrivâmes à Zabriskie Point peu de temps après. Je tremblais de peur dans la pente escarpée menant au petit parking circulaire qui dominait la mer de grès. La voiture s'avança vers la barrière arrondie du panorama qui ressemblait au plateau d'une soucoupe volante. Nous descendîmes de la voiture, tels des explorateurs sur une planète interdite.

Nous étions seuls. La vie semblait avoir abandonné la zone. Au-dessus du chaînon Panamint, une lumière bleu clair se mêlait au ciel qui s'assombrissait, les bassins salés scintillaient au loin par-delà la saillie de Manley Beacon, une gigantesque formation rocheuse qui marquait les lieux comme le Parthénon définit l'Acropole. Nous nous blottîmes les uns contre les autres, à côté du mur qui nous séparait de l'abîme des gorges encastrées. Michael sortit le lecteur cassette et nous demanda de choisir entre *Hymnen* de Stockhausen et les *Quatre Derniers Lieder* de Strauss. Foucault choisit sans hésiter la seconde proposition.

Michel et Michael étaient assis côte à côte sur le parapet de granit. Les dunes semblaient monter et descendre en contrepoint de la voix d'Elizabeth Schwarzkopf. Vénus apparut au-dessus du pic Telescope, elle brillait intensément. Une guirlande d'étoiles l'entoura bientôt. On parvint à une correspondance transcendante de lieu, d'humeur et de musique, accompagnés des paroles finales de la dernière chanson – « Ô grande et silencieuse paix !/ Si profonde au coucher du soleil,/Comme nous sommes fatigués de marcher/Est-ce un peu comme ça, la mort[1] ? »

1. Traduction de Pierre Mathé, livret opéra Radio France : https://www.maisondelaradio.fr/sites/default/files/asset/document/Prog_Krivine_7_sept.pdf.

— La musique est notre théologie, dit Foucault doucement.

— Michel, demanda Mike, prendriez-vous une boisson fraîche ?

— Non, répondit-il catégoriquement. Je ne veux rien qui vienne s'interposer entre la drogue, ce qui nous entoure et moi-même.

Puis Foucault se tourna vers moi et dit d'un ton taquin : « Simeon, pourquoi buvez-vous ce truc ? »

— Oh, c'est juste un autre genre de produit chimique.

Je me rapprochai de Michel à la recherche de réconfort avec l'impression d'avoir dit quelque chose de stupide. Michel, couché sur son coude contre le parapet, me rappelait *La Bohémienne endormie*. Il avait l'air d'accepter notre intimité.

— Michel, demandai-je, y a-t-il un épisode particulier dans votre vie – disons quelque chose comme Rousseau sur la route de Vincennes, ou saint Paul sur le chemin de Damas, ou même Bouddha sous l'arbre de la Bodhi – au cours duquel vous avez eu l'intuition fondamentale qui allait déterminer l'orientation de votre travail ?

— Oui ! Quand je me suis inscrit à l'École normale, le directeur a voulu savoir s'il y avait quoi que ce soit d'atypique à mon sujet. Quand je l'ai informé de mon homosexualité, il a répondu, l'air horrifié, qu'un tel comportement n'était pas normal et sans aucun doute inacceptable pour la réputation de l'école. Il m'a fait interner « pour mon bien », a-t-il dit. Il m'a expliqué que je devais changer, que je serais interné, examiné et traité par un ensemble d'autorités – des médecins, des enseignants, des psychologues, des psychiatres, etc. À ce moment, j'ai vu dans un flash comment le système fonctionne, j'ai saisi le ressort fondamental de notre société : la normalisation.

— Étiez-vous déjà tombé amoureux d'un garçon à cet âge ?

— J'avais seize ans quand je suis tombé amoureux d'un garçon pour la première fois. Depuis ce moment, je suis toujours passé de l'*amour* au *savoir* et à la *vérité*.

Michael marcha vers la voiture pour prendre des cassettes, Foucault observa : « Michael est merveilleux. C'est un magicien. Il sort toujours quelque chose de son chapeau pour nous. »

Nous nous sommes tus pour écouter *Le Chant des adolescents* de Stockhausen. Les sons d'une cour d'école maternelle recouverts de tonalités électroniques envahirent Zabriskie Point. *Kontakte* suivit. Un *glissando* rebondit sur les étoiles, qui brillaient comme des flippers incandescents. Foucault se tourna vers Michael et dit qu'il comprenait pour la première fois ce que Stockhausen avait accompli.

J'étais allongé sur le dos, je regardais le ciel et je sentais que j'hallucinais. Ça grondait, vrombissait, clignotait, le ciel se transformait en salle d'arcade. Je pensai Warhol, Warhol. Les étoiles avaient la forme d'énormes décorations de sapin de Noël, elles se déplaçaient en formation, avec lenteur et grâce, à travers le ciel sans lune. Une tranquillité totale m'enveloppait. Je savais que l'élixir divin me permettait de voir l'ensemble du spectre de chacune des étoiles. Les couleurs éclatantes rayonnaient, donnant l'illusion de sphères solides et luminescentes.

Je me tournai vers Foucault et dis, des trémolos dans la voix : « Nous avons conçu l'univers – une procession majestueuse de bagatelles élégantes, un spectacle intemporel. Tout a l'air d'une vaste plaisanterie à côté de la vision qui s'offre à nous. »

Foucault sourit et balaya le ciel du regard :

— Le ciel a explosé et les étoiles me pleuvent dessus. Je sais que ce n'est pas vrai, mais c'est la Vérité.

— Pensez-vous que l'humanité tout entière puisse prendre ce mélange et passer par quelque chose de semblable à ce que nous expérimentons ce soir ? demandai-je.

— J'aimerais que ce soit possible, répondit Foucault avec nostalgie.

— Êtes-vous certain que d'autres, par le passé, n'ont pas fait d'expérience analogue à la nôtre ce soir ? Après tout, John Allegro a montré qu'il y avait une lignée continue de sociétés, des Sumériens en passant par les Esséniens jusqu'aux temps modernes, qui prenaient de l'*Amanita muscaria*, un autre genre d'élixir.

Foucault m'assura de nouveau que nous étions différents et que personne n'avait pu faire ce genre d'expérience avant nous.

— Duchamp, dis-je, considérait que, une fois passée l'excitation initiale de la découverte, les champignons psychédéliques et les plantes du même genre pouvaient être consommés avec modération, comme des liqueurs.

— Je comprends enfin la signification d'*Au-dessous du volcan* de Lowry, déclara Foucault. Le mescal du consul est une drogue qui filtre sa perception, à la manière d'une substance hallucinogène. La seule expérience personnelle à laquelle je peux comparer cela, c'est faire l'amour avec un inconnu. Le contact avec un corps inconnu procure une expérience de la Vérité analogue à celle que je suis en train de faire. Michel se leva et fit quelques pas pour s'étendre le long de la barrière. « Michael, dit-il à une certaine distance, pourquoi n'avez-vous pas emmené votre musique pour que nous en écoutions ? »

— J'ai pris un court enregistrement, répondit Michael. Il alla à la voiture et revint avec son *Prélude sur un thème de Bach.* Le vent se leva et la voiture commença à jouer.

— Pourquoi ouvres-tu sans arrêt les portières, Simeon ? demanda Michael d'une voix suppliante. Je les ferme puis tu les rouvres. Tu vas décharger la batterie.

— C'est pour garder la lumière de la voiture allumée, dis-je. Il fait si noir et le vent est tellement fort. Michel, vous ne pensez pas que le vent nous mette en danger à une hauteur pareille ? lançai-je en demande d'approbation.

— N'ayez pas peur, dit Foucault. Je trouve le vent léger et chaud.

Après un long moment de silence, nous nous approchâmes de Michel.

— Je suis très heureux, nous dit-il, ses yeux laissant couler des larmes. Ce soir, je suis parvenu à une perception inédite de moi-même. Je comprends maintenant ma sexualité. Tout semble avoir commencé avec ma sœur. Nous *devons* retourner à la maison. Puis il répéta la dernière phrase : Oui, nous devons retourner à la maison.

— J'ai eu tort, dis-je, d'utiliser le mot « mystique » pour décrire cette expérience.

Foucault était d'accord.

— Pensez-vous que cet événement aura des effets sur votre travail ? demandai-je.

— Absolument, répondit-il.

— Avez-vous eu des pensées philosophiques ce soir ?

— Pas vraiment. Je n'ai pas passé toutes ces heures à réfléchir à des concepts. Ça n'a pas été une expérience philosophique pour moi mais quelque chose d'entièrement différent.

Michael proposa de rentrer à l'hôtel et de se reposer.

— Si vous voulez, dit Michel. Je pourrais rester ici toute la nuit, mais nous partirons dès que Simeon et vous le souhaiterez.

DANTE'S VIEW

De retour au ranch de Furnace Creek, Foucault se doucha et fit une courte sieste dans son caleçon rouge écarlate. J'allai dehors et gâchai bêtement mon temps à préparer un discours d'introduction pour la conférence de Foucault, le soir-même à Claremont. Mike travailla son japonais.

Quelques heures plus tard, au petit déjeuner, je demandai à Foucault comment il expliquait l'irruption inattendue de génies dans l'histoire : « Un Pascal, un Hölderlin, par exemple, d'où viennent-ils ? »

Foucault déclara : « L'histoire ne se déplace pas comme ça » et il fit un geste en ligne droite avec son index. « Elle se déplace comme ça. » Son doigt transperça l'air au hasard. Il indiquait une dispersion absolue. Devant son geste frénétique, j'eus la certitude que l'Âge de l'Histoire était achevé puisque Michel Foucault avait fait voler en éclats son fondement, l'idée spencérienne d'un développement régulier, progressif, de l'humanité.

Nous retournâmes voir Zabriskie Point de jour. Nous étions encore dans une espèce de transe visionnaire, mais la descente avait bien sûr commencé. Je pris des photos, Foucault se montra coopératif. Il souriait beaucoup. Puis nous reprîmes la route. Nous roulâmes sur la route 190, passâmes devant la gorge de l'Attelage des vingt mules, et nous nous engageâmes sur le chemin de notre destination, Dante's View, à environ 30 kilomètres. Je conjecturais que les premiers chercheurs d'or avaient baptisé ce point de vue Dante's View en raison de la similitude entre le panorama et les gravures de Gustave Doré représentant l'*Enfer* de Dante.

Hormis les buissons de créosotier et de sarrasin sauvage accrochés aux pentes qui s'enfonçaient à pic vers le désert de sel plus d'un kilomètre et demi en contrebas, nous étions entourés d'un royaume de roches pelées et de cimes. Vers l'ouest, on distinguait six ou sept chaînes de montagnes, dont les pics acérés de la Sierra Nevada. Vers l'est, en direction de l'Arizona, on apercevait un immense désert luminescent, ponctué de collines arides et de volcans au repos. La vue ressemblait au célèbre tableau d'Altdorfer, mais sans le moindre signe de vie.

Michel et moi prîmes un chemin étroit menant à un promontoire en porte-à-faux sur la vallée. Ça aurait pu être un nid d'aigle tellement les bords étaient proches et instables. Foucault était intrépide et insista pour me conduire jusqu'au bord, où un mouvement maladroit aurait pu nous précipiter dans l'enfer sous nos pieds.

Ici, j'arrivai enfin à observer le silence. Nous restâmes assis une heure, côte à côte, à écouter le vent percé des cris des oiseaux qui sillonnaient le vide. Foucault scrutait l'abîme au-dessous. Puis son regard remonta pour trouver les montagnes, elles donnaient l'impression de lui parler. Son attention s'arrêta sur l'immense étendue du désert de sel qui miroitait au loin comme une mer intérieure gelée. Par moments, il donnait l'impression de ne rien regarder.

Foucault bougeait à peine. Son visage était impassible. Quand nous nous levâmes pour partir, tout ce que je trouvai à dire pour décrire cette désolation majestueuse fut : « Ô monde neuf, ô splendide… » Michel me regarda dans les yeux puis il repartit seul dans un recueillement profond. J'aurais dû aller jusqu'au bout de la réplique de *La Tempête* : « … monde que peuplent de tels êtres[1]. »

1. William SHAKESPEARE, *La Tempête*, traduit de l'anglais par Yves Bonnefoy, Gallimard, Paris, 1997, p. 333.

Quand nous arrivâmes à la voiture, Michael bronzait gaiement, il lisait *Quatre quatuors* de T. S. Eliot en écoutant *Pli selon pli* de Boulez. Je trippais toujours, je voyais à travers les yeux de Maxfield Parrish. Le corps imberbe de Michael languissait sous le ciel bleu translucide.

— C'est l'une de mes pièces de musique préférées, dit Michel à Mike en s'approchant de la voiture. Connaissez-vous *Le Marteau sans maître* de Boulez ?

— Je l'ai écouté quelques fois, mais je commence tout juste à apprécier Boulez, répondit Michael.

— Vraiment, j'aimerais que vous étudiiez avec Boulez à Paris, répliqua Michel.

— Je suis certain que ça me plairait beaucoup, répondit Michael. Connaissez-vous *Quatre quatuors* ?

— Pas vraiment.

— Peut-être aurons-nous le temps, de retour à la maison, d'écouter un enregistrement d'Eliot lisant ses poèmes. J'ai écrit un poème sur notre dernier périple dans la vallée de la Mort. Le dernier vers pourrait vous plaire depuis la perspective de Dante's View : « Le lac asséché n'est que la crue oubliée. »

Après un rapide déjeuner expédié sur le coffre de la voiture, nous prîmes la direction de la maison. Nous repassâmes devant Zabriskie Point, le ranch de Furnace Creek et les dunes de Mesquite Flat. Nous étions d'accord pour prendre une autre route. Avant de m'asseoir sur le siège passager, j'attrapai quelques cookies. « Notre garçon aime les cookies », remarqua Foucault avec un sourire indulgent. Puis il ajouta :

— Je vois que vous vous êtes bien amusés tous les deux. Où m'avez-vous dit que vous vous étiez rencontrés ?

— Au Club 4709, répondit Mike.

— Cet endroit deviendra célèbre, nous assura Foucault.

— Vous voulez dire tristement célèbre, dis-je en riant.

— Non, je veux dire célèbre, dit Foucault sérieusement.

Ne serait-ce que parce que Mike et moi avons plané un jour avec Michel Foucault, pensai-je.

— Nous allons vous donner de la substance à rapporter à Paris, dit Mike.

— Merci. Ça me ferait plaisir. Pensez-vous que je doive raconter le périple, la nature particulière de notre périple, à mon retour ? s'enquit Foucault d'un air songeur.

— J'espère bien, répondis-je.

UNE FÊTE

Nous rentrâmes à temps pour que Foucault donne sa conférence dans une salle pleine de centaines de visages impatients. Il était irritable et insista pour parler en français. Mike avait refusé de venir. J'étais mortifié car je savais que Foucault détestait la foule et que la foule de Claremont me détestait parce qu'il était évident que Michel et moi avions fait des folies. Foucault fit de son mieux et parla avec éloquence, bien qu'hésitant par moments, de la nature du pouvoir dans la société contemporaine. L'interprète traversait une mauvaise passe. La salle perdait patience, je mis donc brusquement fin à la séance.

En quittant la salle, Foucault se plaignit de sa prestation. Il regrettait d'avoir été assailli de vagues de sommeil pendant la discussion et d'avoir eu l'impression, à certains moments, de ne pas pouvoir aller plus loin. Je lui expliquai qu'il était en descente mais que son énergie se régénérerait dans un cadre de nouveau plaisant.

Nous retournâmes à la maison où une fête en son honneur était en cours. Mike avait décoré le plafond de branches d'eucalyptus en feston. J'avais invité un groupe de rock de Hollywood pour le plus grand plaisir de la centaine d'invités présents. Foucault se mélangea sans peine à la foule. Cette nuit-là, l'esprit juvénile de la Californie se répandit pour lui. Il répondait avec des sourires fréquents et des conversations animées. Les questions fusaient sur ses impressions de la Californie.

« J'adore la Californie, répétait-il. Vous vivez dans une région bénie. » Il poursuivit en soulignant combien il aimait la diversité des modes de vie, leur expérimentation, ainsi que le climat merveilleux qui permettait aux gens de rester connectés au corps, de *voir* littéralement le corps.

— Et il y a une telle liberté et vitalité intellectuelle ici. Le dogmatisme idéologique et l'esprit partisan sévissent encore tellement en France – comparé à la Californie, nous vivons sous un régime de terreur intellectuelle en France.

— Y a-t-il des fêtes comme celle-là en France ? demanda un étudiant à Michel.

— Non, les Français sont trop vieux jeu, lança Foucault en souriant.

Un autre étudiant admit qu'il n'avait lu aucun des livres de Michel.

— Mais vous n'avez pas besoin de lire mes livres, le rassura Michel.

Une jeune femme lui demanda son avis sur l'émancipation des femmes.

— Voilà ce que je vais vous dire, répondit-il. Les femmes ne doivent pas perdre de vue qu'elles ont un pouvoir considérable dans notre société. Elles ont élevé les enfants.

— Dans la conférence de cet après-midi, dit un professeur qui s'était immiscé dans le groupe, vous avez parlé du « grand génie de Sartre ». Que pensez-vous de la *Critique de la raison dialectique* ?

— J'ai essayé de le lire à plusieurs reprises, mais je n'ai jamais pu aller au-delà des cinquante premières pages. Je ne pense pas m'y remettre.

Un autre professeur prétentieux se rengorgea et baragouina : « Et que pensez-vous de Camus ? »

— Il aurait été intéressant de voir ce que Camus aurait fait pendant la révolution algérienne. Ça a été une déception quand il a reçu le prix Nobel de littérature en tant que Français, alors qu'il lui avait été décerné comme Français et Algérien. On pourrait en déduire où son allégeance serait allée pendant la guerre civile.

Michel demanda à Brit, l'étudiant qui avait repéré Foucault à Irvine, ce qu'il étudiait. Brit lui dit qu'il était dans le Programme d'études européennes. Puis il lui demanda ce qu'il pensait du projet de consacrer un doctorat à la littérature.

— Vous ne devriez pas perdre votre temps à étudier la littérature comme discipline, dit-il. Étudiez les dispositifs de pouvoir à l'œuvre dans notre discours et dans notre société.

— Comment avez-vous trouvé Stanford ? demanda Phyllis Johnson, dont la petite amie envisageait d'y enseigner. Foucault dessina un carré avec ses mains. Les rires recouvrirent la musique.

— Oui, un carré, dit Foucault. Mais ce qui se passe à Berkeley m'intéresse beaucoup, ajouta-t-il. C'est un lieu qu'il faut suivre, une sorte de microcosme de l'université contemporaine. Quand j'ai prononcé une conférence à Berkeley, peu après mon arrivée, j'ai senti une grande distance dans l'auditoire. Tout était très guindé et cérémonieux. À Irvine, c'était mieux. Le groupe avait l'air d'être plus réceptif. Stanford, en revanche, ça m'a paru vain, voire stérile.

— Oui, un peu comme ici, tentai-je. Aimez-vous enseigner à Berkeley ?

— Eh bien le département de français de Berkeley m'a recruté pour enseigner la littérature, mais ça n'a aucun sens puisque je n'aime pas la littérature. Je les contrarie un peu car la plupart des étudiants de mon cours viennent du département d'histoire.

— Que s'est-il passé à l'université de Berkeley quand Saïgon est tombée aux mains des Nord-Vietnamiens et que les Américains se sont retirés du Vietnam ? demandai-je.

— Rien ne s'est passé. *Rien du tout* ! dit-il pour accentuer sa déception. Il semblerait que les Européens s'imaginent que Berkeley est toujours aussi radicale que dans les années 1960.

Al Franken, le comédien qui excella plus tard dans *Saturday Night Live* et devint sénateur américain, demanda à Michel quelle équipe allait gagner le *World Series*. Michel rit puis, en référence ironique à sa conférence de l'après-midi, se défendit d'être un prophète. Mais il assura Al qu'il s'intéressait au sport et qu'il gardait la ligne en faisait du vélo et de la gymnastique.

Un groupe d'étudiants lui demanda aussitôt s'il voulait faire du vélo dans les environs le lendemain, sur la route escarpée de Glendora Ridge. Michel se montra séduit par la proposition, mais il doutait d'avoir le temps puisqu'il devait rentrer à San Francisco dans l'après-midi.

À un moment de la soirée, Foucault alla sous le porche, il s'allongea complètement sur la balustrade et regarda la lune.

— J'essaie de retrouver mon état mental de la vallée de la Mort, me dit-il. Mais c'est très difficile. Ça n'a pas l'air de marcher sans l'aide des hallucinogènes.

À quelques reprises, Michel exprima discrètement sa reconnaissance lorsque je le sauvai d'un déluge de questions philosophiques. Mais il resta toujours courtois, y compris avec les interlocuteurs qui insistaient. Un garçon sortit d'un petit groupe d'hommes et de femmes, s'avança et embrassa Michel sur la bouche. Michel lui rendit son baiser avec une tendresse naturelle. Puis le groupe fit entrer Michel dans le cercle pour plusieurs tours de baisers et d'étreintes.

Un jeune homme s'approcha de Foucault et lui dit qu'il venait de faire son *coming-out*, il avait déclaré son homosexualité. Il remercia Foucault pour son travail car il estimait qu'il « avait rendu possible l'émancipation des gays ».

Foucault répondit en disant : « C'est gentil, ce que vous dites, mais mon travail n'a rien à voir avec l'émancipation des gays. Je n'ai rien écrit sur le sujet. »

— Dans quelle situation étiez-vous avant les mouvements homosexuels ? demanda le jeune étudiant gay.

— Vous n'allez peut-être pas me croire, répondit Foucault, mais j'aimais le milieu homosexuel avant les mouvements de libération, quand tout était plus secret. C'était comme une communauté souterraine, excitante et presque dangereuse. L'amitié comptait énormément, ça supposait une grande confiance, nous nous protégions les uns les autres, nous établissions des relations au moyen de codes secrets.

— Que pensez-vous de l'émancipation des gays aujourd'hui ?

— D'abord, je crois que le terme « gay » est devenu obsolète – en vérité, comme tous les termes du genre qui indiquent une orientation sexuelle précise. La raison en est la transformation de notre compréhension de la sexualité. On mesure combien notre recherche du plaisir a été considérablement limitée par un vocabulaire qui nous a été imposé. Les gens ne sont pas ceci ou cela, gay ou hétéro. Il y a une gamme infinie de ce que nous appelons le comportement sexuel et de mots qui empêchent cette gamme de se réaliser – soit des mots qui figent les comportements, qui sont faux et mensongers.

Deuxièmement, poursuivit Michel, ce que j'aime en Californie, c'est que le mot « homosexuel » n'a plus vraiment de sens ici. Les gens en Californie n'ont pas l'air d'avoir ce mot dans leur vocabulaire. J'ai l'impression qu'on utilise le mot « homosexuel » ou « gay » pour parler d'une personne à exclure. Cela a été dépassé en Californie. Ici, il y a une liberté quand on parle d'homosexualité. Le mot n'est pas péjoratif. L'idée n'est pas associée à la perversion.

— D'accord, continua l'étudiant, mais lisez-vous la littérature militante ? *Advocate* par exemple ?

— Mais bien sûr, je suis abonné à *Advocate* et le lis attentivement.

À une heure du matin, je demandai à Michel s'il voulait rentrer au motel pour dormir. Il me dit qu'il marcherait volontiers mais j'insistai évidemment pour le raccompagner en voiture. Quelques minutes plus tard, il affirma qu'il était prêt à partir. La maison était encore pleine d'invités.

J'espérais provoquer un grand exode en annonçant d'une voix de stentor que Michel partait. Il parut interloqué par l'impudence de mon battage autour de son départ, d'ailleurs je ne me fis pas peu honte moi-même. À ce moment, je compris à quel point Michel détestait être mis en avant. Il était clairement choqué par mon besoin d'avertir le groupe de son départ.

Mais ma gaffe fut bonne à quelque chose. Au moment où nous franchîmes la porte, mon ami David, un garçon de la montagne, aborda Michel. Il dit à Michel qu'il regrettait de ne pas avoir eu la chance de discuter avec lui ce soir, mais il voulait lui faire savoir à quel point ses livres comptaient pour lui et combien il était reconnaissant de sa venue à Claremont. Michel le remercia et, dès que nous fûmes dans la voiture, il me demanda, avec un niveau d'enthousiasme que je n'avais jamais vu chez lui, de lui donner des informations au sujet du jeune homme à qui il venait de parler.

— C'est un étudiant en doctorat dans le Programme d'études européennes, dis-je à Foucault. Son mémoire de master compare votre travail à celui de R. D. Laing. Ça fait maintenant trois ans que nous nous connaissons. Nous nous sommes rencontrés sur la côte est et c'est notre amitié qui m'a conduit en Californie. Il vit cet été dans une cabane, dans la montagne pas loin d'ici.

Les yeux de Foucault pétillaient. Il accepta plein d'allant ma proposition de marcher le lendemain matin jusqu'à la cabane de David dans Bear Canyon.

LE SENTIER DE BEAR CANYON

Michel me dit le lendemain matin qu'il n'avait pas réussi à dormir. Presque aussitôt après avoir retrouvé sa sinistre chambre de motel, il avait voulu revenir à la fête. Il avait presque marché en sens inverse tant il était triste de passer à côté du bon temps qu'il aurait pu encore y passer. Cela n'empêchait pas qu'il était en pleine forme et détendu, même en ayant très peu dormi.

Nous partîmes en direction des montagnes. Au bout de quinze minutes, nous remontâmes la route du mont Baldy recouverte d'une canopée de genêts en fleur. Nous atteignîmes Baldy Village et tournâmes vers la gauche avant la caserne des pompiers, en direction du parking de l'entrée de Bear Canyon. Là, nous fûmes rejoints par un groupe de six jeunes hommes, dont quatre vivaient dans des cabanes de la gorge, où ils formaient une sorte de communauté taoïste. Le son des cascades nous attirait sur le sentier bordé de grands cèdres et de pins *ponderosa.* L'odeur musquée du chaparral était un aphrodisiaque âcre.

Nous cheminâmes dans la forêt ; quand la pente s'accentua, nous marchâmes en ligne le long du sentier rocailleux d'où on voyait scintiller le ruisseau. La végétation du High Desert était en pleine floraison.

Des castillejas flamboyants et des phlox jaune pâle agrémentaient notre balade. Foucault était avenant, il discutait avec ses compagnons. Au bout d'une heure à peu près, nous atteignîmes la cabane la plus haute, faisant la surprise à son occupant taoïste.

« David ! criai-je, tandis que ma chienne Skadi fonçait retrouver son chien Krina. Je t'ai amené Michel. » Et là, dans la clairière où David et moi avions si souvent parlé de Michel Foucault, se tenait désormais le grand homme en personne. C'était comme une incarnation, « la parole faite chair ».

David, grand, large d'épaules, la taille fine, splendidement nu, hormis un jean coupé très court, ouvrit la porte et descendit de la terrasse qui surplombait la rivière. « Bienvenue ! s'écria-t-il plein d'entrain, Je lance le café. »

Nous nous attroupâmes dans la cabane pendant que David rangeait le tapis de yoga servant à sa gymnastique matinale. Il fit voir à Michel la cuisine équipée d'une gazinière et d'un frigo. Il l'amena en haut de l'échelle, dans la mansarde, pour lui montrer les puits de lumière qu'il avait lui-même installés. Nous le suivîmes ensuite au premier étage de la cabane, pourvu d'une douche et du confort de l'eau chaude. Puis nous nous assîmes devant le feu dans le salon et écoutâmes de la musique sur sa chaîne, d'abord de la country puis du Mozart et du Mahler. Enfin, David nous convia sous le porche pour admirer une vue de la rivière qui cascadait sous nos pieds. La terrasse était comme une cabane construite dans les arbres, entre le sommet des pins et des cèdres géants. Tout le monde s'y rassembla pour prendre le café et discuter.

Cal, un garçon au début de la trentaine, trapu, solidement bâti, s'assit à côté de Michel. Il arborait une moustache élégante, étudiait la psychologie et vivait avec un groupe d'amis dans une maison bordée d'orangers. Lors d'une prise récente de LSD, il avait eu une vision si troublante de sa famille qu'il s'était décidé à mener l'enquête. Il avait découvert que son père, qu'il mettait sur un piédestal, était en fait un homme méchant, intéressé, détesté par ses employés et méprisé par ses pairs. Cette découverte avait provoqué une dépression. Il était venu récemment à la maison, un soir tard, s'était assis sous le porche et avait pleuré sur ses désillusions. Après l'avoir réconforté à l'aide d'une analyse laingienne des politiques de l'expérience, je l'avais ramené dans sa nouvelle famille à l'orangeraie.

À côté de Cal, un homme bien plus jeune dénommé Chris fumait une cigarette en scrutant les entrailles du ruisseau. Chris vivait dans une cabane située à une trentaine de mètres, par-delà l'épais feuillage. Il l'avait achetée après avoir fini le lycée et il avait passé les deux dernières années à travailler sans relâche pour lui donner du cachet et la rendre confortable. Blond genre surfeur, avec un corps puissant, sec, il avait une petite copine gentille et anorexique, qui aimait se faire bronzer nue devant leur cabane, sur les rochers au milieu de la rivière. Chris jouait de la guitare et était un lecteur avide. Il étudiait les sciences humaines dans sa retraite montagnarde. Il nous retrouvait souvent, David et moi, pour nos conversations nocturnes au coin du feu.

Chris parlait avec son ami John, qui vivait dans une gorge des alentours. John avait eu le projet fou de transporter avec des amis son piano sur un kilomètre et demi, le long du chemin escarpé menant à sa cabane. Parfois, tard dans la nuit, se répandait dans la vallée le son intempestif d'un piano jazz alternant avec les *Nocturnes* de Chopin. John était de petite taille, portait des pantalons sales et arborait un énorme phallus dont il se réjouissait de façon un peu dégoûtante. Il avait des ambitions musicales sérieuses et aimait écouter nos discussions sur la littérature et la philosophie. Les hivers glacés de la montagne lui avaient causé un problème de sinus, il avait donc tendance à renifler et à éternuer, mais ses manières repoussantes avaient un genre de charme auquel on finissait par s'attacher.

Jake agrémentait la scène de son torse velu surmonté d'un sourire malicieux. C'était un motard et un étudiant en licence atypique pour le Claremont Men's College. Mike et moi lui apprenions le hatha yoga et il nous enseignait la physique. Nous venions juste de lui enseigner la posture du chat, et elle lui allait parfaitement. Il était fasciné par l'idée d'entropie, qu'il n'arrivait pas tout à fait à saisir. Jake m'avait récemment serré très fort dans ses bras et avait fait, les larmes aux yeux, quelque chose que très peu d'étudiants osent d'habitude. Il m'avait remercié, en particulier de m'efforcer de vivre selon ce que j'enseignais, à la différence des autres enseignants qu'il tenait pour des automates débitants des paroles creuses. En échange, je lui avais demandé si je pouvais passer mes mains sur son torse puissant et velu. Il avait accepté timidement. Je pensais que ce garçon pourrait plaire à Foucault.

Lance était un garçon extrêmement séduisant, de taille moyenne, avec des fesses rebondies, un skieur et un athlète accompli. Il étudiait à Pomona College et suivait les cours de musique que Michael donnait à la maison. Il avait l'air d'une vraie anomalie car il alliait des intérêts intellectuels et musicaux sérieux avec le panache d'un garçon de bonne famille et une bonne dose d'ignorance, deux traits que son université semblait encourager. Lance était en train d'accepter son homosexualité. « Après tout, m'avait-il dit, je passe le plus clair de mon temps avec des hommes, pourquoi ne pas faire l'amour avec eux ? » Avec ses yeux bleus interrogateurs et sa beauté extraordinaire, Lance était un membre apprécié du clan foucaldien.

Enfin, il y avait Jim, céramiste et doctorant en philosophie. Charpentier de métier, il dégageait une énergie reichienne irrésistible. Depuis qu'il était venu en cours avec un Levi's troué à l'entrejambe, j'essayais toujours d'enseigner d'une position proche de sa chaise. Il y avait des jours où j'avais l'impression de ne parler de schizo-analyse et d'anatomie politique que pour lui. La perspective de le côtoyer était parfois la seule raison que je trouvais de venir en classe. Il vivait avec sa copine dans une cabane dans les arbres, à l'entrée de la gorge. Sharon avait été une militante hippie dans les années 1960, mais le LSD et Jim l'avaient transformée en recluse des cimes.

Foucault captivait la bande taoïste avec ce que les Français appellent la « saveur », une bienveillance sans limite. Il était, pour utiliser un autre terme français, « disponible », ouvert à tout. Il s'étonnait de trouver des logements si confortables dans la montagne sauvage. « Ça a un côté *Robinson suisse* », remarqua Foucault.

— Aimez-vous cette histoire ? demanda David.

— Oui, même lorsque j'étais enfant. Bien sûr, on me disait que je devais préférer *Robinson Crusoé*, mais j'aimais bien plus *Le Robinson suisse* et c'est toujours le cas.

J'expliquai à Michel que, durant les années où David et moi habitions ensemble ici, j'avais souvent l'impression que nous étions des naufragés. Nous passions nos soirées devant le feu à nous masser le dos, à parler de livres et du monde.

— Il y a quelques soirs de ça, le ronflement du feu a déclenché une conversation sur *La Psychanalyse du feu* de Bachelard, dis-je à Foucault. Le connaissiez-vous par hasard ?

— Oui, je le connaissais, répondit Foucault. Il était mon professeur et il a exercé une grande influence sur moi.

— Je peux tout à fait m'imaginer Bachelard rêvassant devant son âtre, concevant la thèse saisissante selon laquelle l'humanité a apprivoisé le feu pour stimuler ses rêveries, cette idée que l'homme est fondamentalement un animal qui rêve.

— Ce n'est pas tout à fait ça, lâcha Foucault. Bachelard n'a sans doute jamais vu de cheminée, ni écouté l'eau s'écouler sur le flanc d'une montagne. Tout était rêve chez lui. Il vivait de manière très ascétique dans un deux pièces exigu qu'il partageait avec sa sœur.

— J'ai lu quelque part qu'il était fin gourmet et qu'il allait tous les jours au marché se procurer les produits les plus frais pour son dîner.

— Il faisait certes ses courses au marché, répondit Foucault en perdant patience, mais sa cuisine, comme son mode de vie, était tout à fait sommaire. Il menait une vie simple et existait dans ses rêves.

— À Paris, faites-vous vos courses au marché ? demanda Jake à Foucault.

— Non, rit Foucault. Je me contente d'aller au supermarché de ma rue.

Foucault aperçut tout près un numéro du *National Geographic*. « Ne trouvez-vous pas que c'est un bon magazine ? demanda-t-il. » Nous étions tous d'accord. À la vue du gros titre d'un journal sur Israël et le Liban, il affirma suivre de très près les événements en Israël.

— J'ai beaucoup de sympathie pour Israël. J'ai été témoin d'une souffrance incroyable parmi les Juifs pendant la Seconde Guerre mondiale, dit-il. Les Juifs doivent survivre.

— Lisez-vous souvent le journal ?

— Oui, je lis *Le Monde* tous les jours.

Jake dit à Foucault que même s'il suivait l'actualité politique et était engagé dans le mouvement contre la guerre du Vietnam, il avait l'impression d'être complètement perdu.

— Il faut que vous soyez perdu en tant que jeune homme, répondit Michel. On n'essaie pas vraiment à moins d'être perdu. C'est bon signe. Quand j'étais jeune, j'étais perdu moi aussi.

— Devrais-je prendre des risques dans ma vie ? poursuivit Jake.

— Bien sûr ! Prenez des risques, jetez-vous à l'eau.

— Mais je veux trouver des solutions.

— Il n'y a pas de solutions.

— Eh bien au moins quelques réponses.

— Il n'y a pas de réponses !

Après cet échange avec Jake, Foucault rejoignit David dans le salon de la cabane, devant le feu. Pendant qu'ils faisaient connaissance, le reste du groupe se dispersa dans les bois à la recherche de champignons et de bois de chauffage.

SOUS LE PORCHE

La bande de Bear Canyon se retrouva finalement sous le porche pour discuter avec Foucault. Jim, le charpentier philosophe, évoqua avec enthousiame le penseur français Merleau-Ponty. Foucault reconnut avec émotion que Merleau-Ponty était l'un des professeurs qui avaient le plus compté pour lui.

— En vérité, poursuivit Foucault, Merleau-Ponty a exercé une influence bien plus grande que Sartre sur ma génération. C'était un chercheur rigoureux que nous pouvions tous admirer. Il associait un savoir très vaste à des positions politiques pratiques. Il a aidé à desserrer la mainmise du marxisme stalinien et nous a encouragés à développer une compréhension neuve de Marx.

— Êtes-vous d'accord avec l'idée de sédimentation culturelle proposée par Merleau-Ponty ? demanda Jim.

— Je la reformulerais en ces termes, répondit Foucault : « Nous n'avons pas de discours propre, mais nous sommes nés dans un discours. »

— Il faut donc écouter les autres pour se comprendre soi-même, dit Jim.

— Oui, exactement, dit Foucault.

— Comment le compareriez-vous à Sartre ? demanda Chris.

— Eh bien, Sartre est le dernier des prophètes et il est beaucoup plus abscons que Merleau-Ponty.

— Avez-vous lu *Critique de la raison dialectique* de Sartre ? demanda Chris.

— Pendant la fête de Michael et Simeon, j'ai dit à quelqu'un que j'avais essayé deux fois, par le passé, de lire le premier chapitre et que je n'étais jamais parvenu à aller au-delà. Le problème avec Sartre, c'est qu'il n'a pas de connaissance intime du savoir produit par les historiens du XXe siècle. Marx l'a convaincu et il n'est jamais allé au-delà. Par conséquent, sa compréhension de l'histoire est restée très mince. On ne peut rien apprendre de l'analyse historique de Sartre.

— Partagez-vous l'idée selon laquelle Fernand Braudel est le plus grand historien du XXe siècle ? demanda Jim.

— Sans doute.

— Pensez-vous que l'existentialisme a dégénéré en une forme d'hédonisme, une obsession de l'expérience individuelle vécue, aux dépens du travail, de l'étude et de l'observation ? tenta tout haut Jake, le motard poilu.

— Oui, répondit Foucault. Nous avons oublié comment travailler dur et l'existentialisme doit être combattu pour cette raison, ainsi que pour d'autres.

— Et Gramsci ? demanda Cal.

— Gramsci avait plus d'importance pour moi quand j'étais jeune et au Parti communiste. Gramsci légitimait la dissidence au sein du Parti communiste, à une époque où nous étions tenus de référencer toutes nos prises de position. Au moins pouvions-nous citer Gramsci comme un dissident à l'intérieur du paradigme marxiste. Et son travail a une importance intrinsèque, en particulier en ce qu'il constituait un précédent. Dans les années 1950, les marxistes étaient absorbés par le débat sur Staline. Gramsci nous a aidés à sortir de cet imbroglio. Disons qu'il a ouvert la porte à la dissidence.

Cal demanda à Foucault s'il pensait que Marx avait vraiment distingué l'infrastructure de la superstructure.

Foucault répondit :

— Avant toute chose, Marx n'a pas écrit des livres pour notre instruction ou l'exégèse universitaire, mais pour accomplir quelque chose, pour commencer quelque chose, pour parler aux ouvriers. Nous ne devrions donc pas traiter Marx comme un texte. Avons-nous besoin d'un interprète comme Althusser qui nous dise ce que Marx a *vraiment* dit ? Althusser est un homme très intelligent, mais ce qu'il dit de Marx, ce n'est pas du Marx. Des termes comme « essence » et « dialectique » sont hégéliens ; l'infrastructure et la superstructure sont des notions distinctes.

— Êtes-vous ami avec Althusser ? demanda Cal.

— Althusser a été pour moi un professeur et un guide, mais je suis convaincu que Marx ne destinait pas ses travaux à l'interprétation des générations futures. Il les a écrits en réponse aux circonstances du présent et ces textes visaient une réaction immédiate.

— Par rapport à Sartre ou à Althusser, comment envisagez-vous le rôle social de l'intellectuel ? demanda John.

— L'intellectuel m'apparaît à présent comme une espèce de fonctionnaire. Il y a tant de types d'intellectuels différents aujourd'hui. Certains universitaires collaborent avec des entreprises, d'autres genres d'intellectuels sont membres de commissions consacrées à des questions sociales. L'intellectuel fabrique des outils et il ne peut pas prescrire ou prédire la façon dont les gens vont utiliser les outils qu'il crée. Y compris de ce point de vue, l'intellectuel n'est pas un prophète.

— Vous rejetez donc en bloc l'idée léniniste, à la Lukács, de l'avant-garde, des intellectuels du Parti qui perçoivent la vérité que les masses ne peuvent pas voir ? conclut Cal.

— Absolument.

Comme le feu était en train de s'éteindre, Foucault proposa de couper du bois. Nous l'aperçûmes depuis la terrasse marcher vers le tas de bois. David le mit en garde contre les crotales qui vivaient dans le coin, ce qui ne dissuada pas Foucault le moins du monde. Il choisit de beaux morceaux et les coupa avec entrain. Tout le monde était absolument stupéfait. Comment un éminent intellectuel parisien avait-il pu apprendre à couper le bois avec tant d'adresse ? On ne pouvait pas imaginer Voltaire ou Sartre accomplir une telle besogne si facilement.

— Mais je ne suis qu'un homme ordinaire, entendis-je Michel dire à John, qui était parti l'aider.

Plus tard, la bande de Bear Canyon le surnomma Country Joe Foucault, en référence, j'imagine, à son habileté et à ses manières sans façon.

Quand je l'approchai, il parlait avec John de sexualité. Il venait juste de prononcer tout bas le mot « jouissance ».

— Qu'avez-vous dit ? me hasardai-je à demander, signalant ma compréhension lamentable du français oral.

— Jouissance ! cria Foucault en me transperçant du regard. Il était agacé, comme s'il allait dire : « Comment pouvez-vous, de tous les mots, ne pas connaître celui-là ? » Les seuls mots que je l'ai vu prononcer avec une telle vigueur étaient « amour », « savoir » et « vérité ».

Après une autre heure passée dans la cabane et ses environs, David nous emmena en balade plus haut dans la montagne. Nous traversâmes la rivière à gué et nous empruntâmes un chemin abrupt et étroit menant à une crête baignée de soleil, recouverte de cactus et de sauge. Au loin, on distinguait un massif de yuccas.

— Ces yuccas ressemblent à un amas de serpents, dis-je.

— Moi, je trouve que ça ressemble à des asperges, remarqua Foucault en riant.

— Quand les yuccas fleurissent, des fleurs délicates germent sur ces énormes phallus, lançai-je à Foucault. Une forêt de yuccas en fleur, c'est comme le palais des verges de grès de Canyonlands, dans l'Utah. Michel, nous vous y emmènerons lors de votre prochain voyage.

Foucault accueillit l'idée avec un grand sourire et il exprima son accord.

David fut pris de l'envie irrépressible d'escalader un grand pin *ponderosa.*

Foucault était enchanté et il tourna plusieurs fois autour de l'arbre en criant : « Oh là là, oh là là, David vous être très courageux ! »

Quand David descendit de la dernière branche, Foucault lui dit : « J'aime ces montagnes à travers vous. Vous me les apportez. » Il lâcha à Cal : « Même un marxiste-né comme vous doit aimer les montagnes. » Tout le monde éclata de rire.

Cal prit Foucault à part pour engager une conversation sur la psychologie. On pouvait entendre Foucault dire que l'inconscient est formé par et pour les autres. Pour discerner la nature de l'inconscient, nous devons écouter notre propre discours et écouter les autres.

Après un moment calme au poste d'observation, à scruter la vaste vallée de San Antonio dont les flancs massifs invitent à une étreinte l'océan tapi à l'horizon, nous remontâmes le chemin, qui s'élargissait considérablement. Jake dit que les immenses racines visibles des pins, qui se déversent le long des flancs de la montagne comme un essaim de vers géants, lui évoquaient systématiquement l'idée sartrienne de la nausée et de la « maladie à la mort » de Kierkegaard.

Foucault nous demanda pourquoi les Américains étaient à ce point obsédés par la mort. « Il y a tant de livres sur la mort ici, observa-t-il, en Amérique, la chambre funéraire est un point de repère, alors qu'en Europe les croque-morts se font discrets. »

— Les Américains sont tellement matérialistes. Ils sont obligés de penser à la perte de leurs biens, répondit Jim.

— Et égoïstes. Se perdre soi-même est une perspective effrayante, dit Jake.

— La ferveur religieuse est intense – la soif d'une vie meilleure dans l'au-delà, avança John.

— Avez-vous vu *Le Cher Disparu*, le film adapté du roman d'Evelyn Waugh sur le cimetière grotesque et tape-à-l'œil de Forest Lawn à Los Angeles ? demanda David.

— Ah oui, je l'ai vu. Il m'a plu. Ça m'a beaucoup appris sur la manière américaine de mourir. Peut-être que si nous y passions, nous vous y verrions nu sur un piédestal, dit Foucault avec un grand sourire, en allusion à la réplique de la sculpture de Michel-Ange à l'entrée.

— Défendez-vous toujours l'idée de la « mort de l'homme », « le visage de l'homme s'effacerait, comme à la limite de la mer un visage de sable » ? demanda Jim. Il dit à Foucault qu'il avait gardé *Les Mots et les Choses* dans son sac à dos pendant un an, afin de s'y plonger dès qu'il le pouvait.

— Je pense à présent que le livre finit sur une note trop pessimiste, répondit Foucault. Mon point de vue a changé depuis. Je suis plus optimiste désormais, en particulier quand je vois la jeunesse d'aujourd'hui. Même en France, les jeunes établissent de nouvelles formes de relations avec leur famille. Je ne pense plus que le visage de l'homme s'efface. Tout cela était bien trop apocalyptique de toute façon.

Cal dit à Foucault qu'il pensait avoir besoin d'un genre de psychothérapie. Il demanda à Michel quelle thérapie il recommanderait. « Freudienne ? » suggéra Cal.

Foucault approuva : « Freudienne, ça fera l'affaire. »

— Étant donné, dis-je, que Cal oscille ces temps-ci, comme beaucoup d'entre nous, entre schizophrénie révolutionnaire et schizophrénie clinique – Foucault m'interrompit avec un long fou rire, comme s'il n'avait jamais entendu les termes de Deleuze utilisés ainsi, si naturellement –, j'aurais pensé que la schizo-analyse serait plus appropriée.

— Il ne peut pas y avoir de théorie générale de la psychanalyse, chacun doit la faire pour soi-même, remarqua Foucault.

Nous parvînmes à un bassin creusé dans la roche. Quelques garçons enlevèrent leur short de randonnée et firent trempette dans l'eau gelée, un autre groupe retrouva Foucault, assis sur un rocher dangereusement juché au-dessus d'une cascade. Il admirait une volée de geais qui nous avaient vus barboter dans la rivière et étaient à présent perchés dans les arbres, nous fixant avec impatience, dans l'attente de nourriture humaine.

David réprimanda Michel : « N'admirez pas les geais. Ils ont appris à imiter tous les autres cris d'oiseaux. Avec cette arme, ces prédateurs peuvent interférer dans les modes de reproduction et d'alimentation de tous les autres oiseaux. Ils dominent la forêt. »

— Oui, les geais me rappellent certaines personnes, dit Chris.

Foucault tendait l'oreille et il se rapprocha de David.

Après un bref moment, je relançai la conversation au grand dam de Foucault. « Avez-vous rencontré Klossowski ? Je suis très emballé par son idée de chaos créateur, le thème qu'il développe dans la conclusion de son livre sur Nietzsche. »

— Oh oui, je tiens Klossowski en haute estime. Quelle famille remarquable – Rilke était son demi-frère, et Balthus, l'artiste… Foucault s'interrompit. Sa voix avait pris un ton sérieux, presque révérencieux, qui dénotait un profond respect pour la connaissance produite par ses pairs.

Foucault se remit à parler de ces questions avec David pendant quelques minutes. Puis David s'adressa à Michel de façon plus personnelle, un trait séduisant qu'il possédait. Il tourna ses yeux enfoncés et interrogateurs vers lui et dit : « Michel, êtes-vous heureux ? »

— Je suis content de ma vie mais pas tellement de moi.

— Autrement dit, vous ne vous sentez pas fier de vous, mais vous êtes content de la tournure et de la direction prises par votre vie.

— Oui.

— Il me semble pourtant difficile de faire une telle distinction. Si vous appréciez la façon dont votre vie a évolué et que vous éprouvez une quelconque responsabilité en la matière, alors vous êtes probablement content de vous.

— Eh bien, je ne me sens pas responsable de ce qui m'est arrivé dans la vie.

— Mais ne pensez-vous pas que Nietzsche croyait en l'importance d'essayer de sentir *la volonté* que l'individu possède à l'intérieur de lui-même ?

— Non, je ne pense pas que Nietzsche disait cela. Nietzsche utilisait le pouvoir de l'individu comme un instrument pour combattre l'ordre moral établi, mais il n'appartient en aucun cas à la tradition de l'individualisme qui considère que c'est l'homme dans son individualité qui compte pour l'histoire. En fait, poursuivit Foucault, Nietzsche soulignait combien l'homme était peu responsable de sa nature, en particulier de ce qu'il considérait être sa moralité. La moralité est constitutive de l'être. L'individu est contingent, formé par le poids de la tradition morale, il n'est pas vraiment autonome.

— Quel effet la santé de Nietzsche a-t-elle eu sur lui, selon vous ? Est-ce remarquable qu'il soit devenu fou, étant donné son positionnement intellectuel – le « chaos créateur » auquel Simeon a fait référence à l'instant ?

— Il y a deux aspects à prendre en considération s'agissant de la santé de Nietzsche. D'une part, il était très malade et son corps l'abandonnait. Il était vraiment souffrant. Il faut que vous considériez sa vie à cette aune. Évidemment, il y a la folie de Nietzsche. Mais… Foucault s'interrompit, exaspéré.

J'intervins en demandant à Foucault quand l'œuvre de Nietzsche, dont je savais qu'il en dirigeait l'édition française dans une traduction intégrale, avait exercé une influence sur lui.

— J'ai un peu lu Nietzsche quand j'étudiais la philosophie à Paris, mais ce n'est qu'après mon retour de Suède, en 1959, que j'ai *vraiment* lu Nietzsche. Depuis cette époque, je suis étonné qu'il n'ait pas vraiment compté pour l'étudiant en philosophie que j'étais.

— J'ai l'impression, ajouta David, que vous êtes nietzschéen dans la mesure où vous suivez sa devise : « Vis dangereusement. »

Foucault rit et dit : « Pourquoi dites-vous cela ? »

— Eh bien, le périple dans la vallée de la Mort, par exemple, tenta David en fronçant les sourcils.

— Oh, il n'y avait aucun risque. J'avais Simeon et Michael avec moi, dit Foucault, l'air ironique, comme s'il partageait l'analyse de David sur sa nature encline au risque.

— Qu'avez-vous pensé de votre périple ?

— Ça m'a notamment rappelé la raison pour laquelle j'aime tant Malcolm Lowry. J'ai compris que Lowry avait eu une expérience hallucinogène avec de l'alcool. Elle lui a servi de vision, d'expérience vraie.

— Aimez-vous la cocaïne ? demanda John en se débouchant les sinus.

— Pas vraiment, je trouve que c'est anti-aphrodisiaque.

Lance demanda à Foucault s'il avait aimé les hommes au Brésil.

— Énormément, dit-il, j'ai un amant au Brésil.

— Comment l'avez-vous rencontré ?

— Je marchais seul sur la plage et nous nous sommes croisés. Il m'a souri. Il n'a rien fallu de plus. Ce que j'aime en particulier avec le Brésil, et la Californie à cet égard, c'est que les garçons ne sont pas fiers ou arrogants. À la différence de l'Europe, ils ne se pavanent pas, ils sont à l'aise dans leur corps. Ils sont accessibles. Un peu comme dans la Grèce antique.

— Pourquoi les garçons brésiliens sont-ils si accessibles, selon vous ? poursuivit Lance.

— Peut-être parce qu'un grand nombre d'entre eux sont pauvres.

Nous quittâmes le bassin et nous nous dirigeâmes vers Bear Flats, une prairie luxuriante enclavée dans les flancs du mont Baldy. Pendant que je prenais des photographies avec mon Leica, Foucault marchait avec Lance à travers les massifs vert jade de manzanita. Ils parlaient des garçons du Maroc. Quand ils revinrent, j'annonçai la triste nouvelle qu'il était temps de redescendre de la montagne et de retrouver cet oxymore infernal, Claremont infesté de smog.

Foucault marcha un peu seul, mais le plus souvent il était accompagné d'un ou plusieurs garçons. Ils ne parvenaient pas à se lasser les uns des autres.

Dans la côte finale, Lance et moi parlâmes à Foucault tandis que nous descendions un dangereux escalier en bois qui rappelait un décor de film de Tarzan. « Aimez-vous aller au cinéma, Michel ? demandai-je. »

— Oui, mais je rate beaucoup de films. À Paris, un film reste en salle un mois en général. Il suffit que je parte pour que le film ne passe plus à mon retour.

— Quels sont vos réalisateurs préférés ?

— Fellini, Antonioni, Polanski. J'ai beaucoup aimé *Chinatown.*

— Il n'y a pas de réalisateur américain dans votre liste ?

— Eh bien, je suppose qu'il est idiot de ma part de ne pas avoir mentionné de réalisateur américain parmi ceux que je préfère. Mais j'ai du mal à apprécier les films américains, ils sont tellement déterminés par le côté grosse production de Hollywood. Quand je ne perçois pas les techniques du réalisateur et la façon dont elles opèrent dans un film, j'ai du mal à savoir exactement ce que le réalisateur essaie de dire, surtout lorsqu'il travaille dans le cadre de ces grandes productions.

— Un réalisateur américain vous viendrait-il à l'esprit ? demanda David qui se joignit à nous pour le dernier tronçon de piste.

— Hitchcock. J'ai vu *Psychose* récemment et j'ai beaucoup aimé. C'est baroque. Je le reverrais bien. Et *Vertigo* aussi.

Foucault se tourna vers David et lui dit : « Vous ne voulez pas m'en dire un peu sur vous ? »

— Honnêtement, je ne veux pas parler de moi, riposta David, mais ça me semble impossible d'y échapper. J'ai l'impression que je ne devrais pas parler de moi. Vous, Michel, vous êtes tellement effacé, alors que moi j'ai le sentiment d'être pris dans un cercle vicieux d'auto-affirmation. J'ai étudié la phénoménologie pour essayer de comprendre mon problème.

— Mais la phénoménologie est devenue tellement stylisée, s'exclama Foucault. Elle n'essaie pas d'atteindre le fond même de la situation *empirique* de l'homme. Les phénoménologues empêchent l'homme de se poser les vraies questions sur son existence. Pourtant, je pense que les questions phénoménologiques sont importantes. Il faut les traiter.

— Alors vous ne pensez pas que je sois trop égocentrique ? s'exclama David.

— S'inquiéter d'être trop centré sur soi-même, ça n'aide pas, ça ne fait qu'accentuer l'introspection. Si c'est ce que fait votre esprit à un moment donné, laissez-le faire. Ce n'est pas quelque chose que vous devriez essayer de changer.

— Parfois, j'ai l'impression que je devrais simplement oublier ce questionnement sur moi-même, poursuivit David. C'est une perte de temps et d'énergie, c'est contre-productif d'une certaine façon.

— Au contraire, vous devriez répondre à ces questions subjectives, surtout dans votre jeunesse. Une personne qui s'y confronte est dans une meilleure condition psychologique dans la trentaine et ensuite. Les gens qui ne règlent pas ces crises psychologiques temporaires quand ils sont jeunes ont des problèmes quand ils sont dans la trentaine et plus tard.

— Cela m'impressionne de voir comme vous êtes sociable, observa Lance.

— Non, en fait, je ne suis pas du tout sociable, confessa Foucault. J'essaie d'éviter les activités sociales. Mais je me sens mal quand je blesse les gens. Récemment, des étudiants m'ont conduit à Stanford. Je devais y prononcer une conférence. Ils m'ont révélé qu'un déjeuner était organisé au *faculty club.* Je leur ai dit que je méprisais les *faculty clubs* et les déjeuners guindés avec les mandarins. Les étudiants ont répété ce que j'avais dit à des professeurs et le déjeuner a aussitôt été annulé. J'étais très mal à l'aise.

— Les professeurs de Stanford vous ont-ils plu ? demanda John.

— Pas du tout. Ils sont incroyablement vieux jeu.

— Quand vous enseignez, on voit que vous aimez ce que vous faites, poursuivit John.

— J'enseigne bien lorsque je me sens bien. Je suis heureux d'être avec les gens dans certaines situations. Pas devant un grand nombre de personnes en général. Avant d'enseigner, c'est-à-dire de travailler, je ne peux même pas manger.

— Pourquoi êtes-vous à ce point rebuté par les grands groupes qui viennent vous écouter ? insista John.

— Je ne crois pas qu'ils puissent être sérieux, répondit Foucault. S'il y a trop de gens, ça ne pourra pas être sérieux. Il faut être en mesure d'établir un contact pour qu'il y ait une réelle communication et que ce qui se passe, ce qui est dit, soit sérieux.

— Et les grands rassemblements d'étudiants à Paris pendant Mai 68 ? N'étaient-ils pas sérieux ? interrompit Cal.

— C'est différent, le réprimanda Foucault. En France, la théâtralité des manifestants, leur vacarme, était un signe de leur engagement, de leur sérieux, de leur agressivité contre le système.

— Les événements de Mai 68 ont-ils eu un grand effet sur vous ? demanda Jim.

— Un effet décisif ! Ça a rendu mon travail possible. Je suis très impressionné par les années 1960 en tant que phénomène. Je pense que la révolution engagée à cette époque est encore en cours, mais de façon bien plus calme.

— Je n'arrive pas à comprendre la séduction exercée par le maoïsme sur la gauche française, observa Cal. La voie chinoise ne peut pas s'appliquer à l'Occident.

Foucault acquiesça : « Ça n'est pas possible. Les Chinois ont une approche stylisée des choses. »

— J'ai lu récemment que le Parti communiste français avait condamné le régime chinois, poursuivit Cal.

— Cela ne me surprend pas, remarqua Foucault. Le Parti communiste français est encore largement sous l'influence des Soviétiques.

David se retourna d'un coup vers Foucault et dit : « Je suis vraiment rebuté par la psychologie et le comportementalisme universitaire. »

— Autant distinguer la psychologie clinique de la psychiatrie, commenta Foucault. La psychologie avec son accent sur l'essai, la psychiatrie avec…

La discussion s'interrompit car nous avions atteint le parking au pied de la gorge. Foucault fit des adieux chaleureux à la bande de jeunes hommes. En entrant dans la voiture, je me suis senti obligé de dire : « Michel, nous sommes si nombreux à vous aimer. Vous devez sentir que votre travail et votre enseignement nous inspirent une très grande reconnaissance. »

Il était décontenancé et me regarda avec incrédulité. Mais il me remercia sobrement.

LA SALLE DES FONDATEURS

Au déjeuner tardif qui réunissait quelques professeurs du Claremont Men's College, Foucault fut expansif et charmant, il irradiait la chaleur et la sérénité de Bear Canyon. Une professeure d'histoire s'évertua à lui parler de sa spécialité, l'histoire militaire américaine du début du XIXe siècle. Elle abandonna au bout d'un moment puis, incapable de parler de quoi que ce soit d'autre, lui demanda ce qu'il avait pensé de son périple dans la vallée de la Mort.

Il répondit : « C'était la plus grande expérience de ma vie. »

Après le déjeuner, je fis visiter à Foucault mon bureau à l'École d'études supérieures de Claremont. Je lui expliquai que, lors de mes premières années ici, quand il faisait trop froid dans les montagnes, David et moi dormions avec nos chiens dans mon bureau. Nous étions trop pauvres pour payer un loyer. Un matin, nous ne nous sommes pas réveillés et la secrétaire nous a trouvés sur le sol du bureau, dévêtus. Cette histoire fit beaucoup rire Foucault.

Je lui montrai le manuscrit récemment achevé de mon livre, *Luxe et sobriété au siècle des Lumières*. Il se contenta d'acquiescer.

Je sortis la copie d'un article intitulé « Le premier Foucault » que je venais d'écrire. Il regarda le manuscrit et sourit, mais ne lut même pas la première phrase.

— Quand je dis quelque chose, dit-il, son regard d'acier posé sur moi, je parle pour le présent. Ce que je dis n'est pas destiné à résonner dans le futur, du moins pas au sens où cela s'appliquerait nécessairement au futur ou que je sache que ces propos seront utilisés dans le futur.

La dernière activité officielle à laquelle il devait se soumettre était une discussion avec ma classe dans la salle des Fondateurs. Foucault resplendissait quand il entra dans l'élégante salle lambrissée. On sentait qu'il était très satisfait de la forme et de la réactivité de ce groupe de jeunes hommes et de jeunes femmes. Selon toute apparence, c'était le genre de compagnie dont il aimait s'entourer.

Il s'assit sur le bureau les jambes croisées et commença à prendre des questions auxquelles il répondit avec l'aisance d'un grand acteur. Le périple dans la vallée de la Mort et la randonnée dans Bear Canyon semblaient l'avoir rendu plus affable encore, et sa prise de parole était elle-même encore plus raffinée. Il parlait généreusement en anglais et déployait ce charme incomparable qu'il possédait, cette expression claire et ciselée. Il s'avère qu'un des étudiants enregistra la conversation. Toni Tosch, une secrétaire de Claremont qui ne manquait pas de ressources, en fit une transcription remarquable. Je l'ai légèrement éditée pour fluidifier la syntaxe.

*

Étudiant/Étudiante : J'aimerais vous interroger sur la relation entre discours et pouvoir. Si le discours est le centre d'une sorte de pouvoir indépendant, s'il est la source du pouvoir – si tant est que le terme « source » soit le bon –, comment trouver cette source ? Quelle est la différence entre ce que vous faites avec votre analyse du discours et ce que la méthode phénoménologique traditionnelle cherche à accomplir ?

Foucault : Je n'entends pas essayer de trouver derrière le discours quelque chose qui serait sa source et qui serait le pouvoir, comme on le ferait dans une description phénoménologique ou dans n'importe quelle méthode interprétative.

Prenons le discours *tel qu'il est* ! Dans une description phénoménologique, on essaie de trouver dans le discours quelque chose du sujet parlant, on essaie de trouver dans le discours l'intentionnalité de la pensée pensante du sujet parlant.

Le genre d'analyse que je produis ne tient pas compte du problème du sujet parlant, mais considère les façons dont le discours joue un rôle à l'intérieur du système stratégique dans lequel le pouvoir est impliqué, pour lequel le pouvoir travaille. Le pouvoir ne sera donc pas extérieur au discours. Le pouvoir ne sera pas une source du discours ou son origine. Le pouvoir sera quelque chose qui fonctionne à travers le discours, dans la mesure où le discours lui-même fait partie du système stratégique des relations de pouvoir. Est-ce clair ?

*

Étudiant/Étudiante : Mettons que vous écriviez sur un tel système de discours. Le texte que vous écrivez capture-t-il le pouvoir ? Reproduit-il ou répète-il le pouvoir ? Est-ce la bonne façon d'en parler ? Ou diriez-vous qu'il se réfère au pouvoir ou à la signification – à moins que nous ne devions plutôt dire qu'il « a le pouvoir comme sa signification » ?

Foucault : Non, le pouvoir n'est pas la signification du discours. Le discours est une série d'éléments qui fonctionnent dans le mécanisme général du pouvoir. Il faut donc que vous preniez le discours en tant que série d'événements, comme des événements politiques à travers lesquels le pouvoir est véhiculé et exercé.

*

Étudiant/Étudiante : je m'intéresse au texte de l'historien. Que dit l'historien, en fait, du discours du passé ? Quelle est la relation entre le pouvoir et le texte de l'historien ?

Foucault : Je ne comprends pas vraiment pourquoi vous parlez du discours des historiens. Mais puis-je prendre un exemple qui m'est plus familier ?

Le problème de la folie, du discours sur la folie et de ce qui en a été dit à certaines époques : je ne pense pas que le problème soit de savoir qui a pris note de ce discours, quelle était la façon de penser ou même de percevoir la folie dans la conscience des individus au cours d'une période donnée, mais plutôt d'examiner le discours sur la folie, les institutions de la folie, la façon dont les individus étaient exclus parce qu'ils n'avaient pas de travail ou qu'ils étaient homosexuels, etc.

Tous ces éléments appartiennent à un système de pouvoir au sein duquel le discours n'est qu'une composante liée à d'autres. Ces éléments sont joints. L'analyse consiste à décrire les relations et les relations réciproques entre tous ces éléments. Est-ce plus clair ?

Étudiant/Étudiante : Merci.

*

Étudiant/Étudiante : Hier soir, vous avez indiqué que vous veniez tout juste de terminer un livre sur la réforme pénale et les systèmes juridiques, et le type d'exclusion qui a opéré dans ce cadre. J'aimerais savoir si vous êtes en mesure de développer un modèle de pouvoir concernant le système carcéral. Comment voyez-vous ce qui est fait aux prisonniers ? Est-ce de la punition et de la réhabilitation ?

Foucault : Eh bien, je pense avoir trouvé la figure pour ce type de pouvoir, ce système de pouvoir. Je l'ai trouvée très bien décrite dans le panoptique de Bentham. On peut décrire à grands traits le système d'exclusion de la folie aux XVIIe et XVIIIe siècles. À la fin du XVIIIe siècle, la société a produit un mode de pouvoir qui n'était pas fondé sur l'*exclusion*, comme on l'affirme encore, mais sur l'*inclusion* à l'intérieur d'un système où chacun doit être situé, inspecté, observé jour et nuit, où chacun serait rattaché à sa propre identité.

Vous savez que Jeremy Bentham a conçu la prison parfaite – enfin, un genre de bâtiment qui pourrait être un hôpital, une prison, un asile, une école ou une usine – dans laquelle il y aura une tour centrale avec des fenêtres tout autour. Puis un espace vide et un autre bâtiment avec des cellules tout autour et des fenêtres là, là et là. [Foucault se mit à esquisser la prison modèle de Bentham sur le tableau noir.]

Dans chacune de ces cellules, il y aura soit un ouvrier, soit un fou, soit un écolier, soit un prisonnier. Il ne vous faut qu'un seul homme dans la tour centrale pour observer très exactement ce qu'ils font à tout moment dans ces petites cellules. Chez Bentham, c'est l'idéal absolu pour tous ces gens dans les institutions. J'ai trouvé en Bentham le Christophe Colomb de la politique. Je pense qu'on retrouve dans le panoptique une espèce de motif mythologique pour le genre nouveau de pouvoir exercé dans nos sociétés contemporaines.

*

Étudiant/Étudiante : Vous définiriez-vous comme un philosophe ou comme un historien ?

Foucault : Ni l'un ni l'autre.

Étudiant/Étudiante : Mais l'histoire n'est-elle pas le sujet principal de votre travail ? Sur quelle base repose votre approche de l'histoire ?

Foucault : Mon programme a consisté à faire une analyse du discours, mais je n'ai pas adopté la perspective du « point de vue ». Mon projet n'est pas davantage ancré dans les méthodes de la linguistique. La notion de structure n'a aucun sens pour moi. Ce qui m'intéresse dans le problème du discours, c'est le fait que quelqu'un a dit quelque chose à un moment donné.

Ce sur quoi je veux insister, ce n'est pas sur le sens, mais sur la fonction qu'a le fait qu'une chose ait été dite par quelqu'un à un moment donné. C'est ce que j'appelle l'« événement ». Pour moi, le problème est d'aborder le discours comme une série d'événements, d'établir des relations et de décrire les relations entre ces événements, que l'on peut appeler événements discursifs, et les autres événements du système économique, du champ politique ou des institutions, etc.

De ce point de vue, le discours n'est qu'un événement comme les autres, mais bien sûr les événements discursifs ont des fonctions particulières par rapport aux autres événements. Un problème analogue consiste à observer les fonctions spécifiques du discours et à isoler des formes singulières de discours. J'étudie aussi les fonctions stratégiques de genres particuliers d'événements discursifs au sein d'un système politique ou d'un système de pouvoir. Est-ce suffisant ?

*

Étudiant/Étudiante : Comment décririez-vous votre vision de l'histoire ? Comment l'histoire entre-t-elle dans le discours ?

Foucault : Dans la mesure où je considère le discours comme une *série* d'événements, on est automatiquement dans la dimension de l'histoire. Le problème, c'est que, pendant cinquante ans, la plupart des historiens ont choisi d'étudier et de décrire non pas des événements, mais des structures. Il y a aujourd'hui un retour des événements dans le champ de l'histoire.

Ce que je veux dire, c'est que, au XIXe siècle, ce que les historiens appelaient un événement, c'était une bataille, une victoire, la mort d'un roi, enfin quelque chose de ce genre-là. Contre ce type d'histoire, les historiens des colonies, des sociétés, et ainsi de suite, ont montré qu'il y avait eu beaucoup de structures permanentes dans l'histoire. La tâche de l'historien consistait à faire ressortir ces structures. On retrouve cet objectif-là dans le travail de Lucien Febvre et de Marc Bloch, entre autres. Aujourd'hui, les historiens reviennent aux événements et essaient d'observer la façon dont on peut se référer à l'évolution économique ou démographique comme si c'était un événement.

À titre d'exemple, je prendrai un sujet que l'on étudie maintenant depuis des années : le contrôle des naissances dans la vie sexuelle des sociétés occidentales est encore très énigmatique. Ce phénomène est un événement très important dans une perspective économique et du point de vue biologique. On sait que le contrôle des naissances a été pratiqué pendant des siècles en Angleterre et en France. Bien sûr, il y avait surtout du contrôle des naissances dans les petits cercles aristocratiques, mais cela arrivait aussi chez les gens très pauvres. On sait à présent que, dans le sud de la France et à la campagne, le contrôle des naissances a été pratiqué systématiquement depuis la seconde moitié du XVIIIe siècle. Cela, c'est un événement.

Prenons un autre exemple : à un certain moment, au XIXe siècle, le taux de protéines dans l'alimentation a augmenté et la part de fibres a diminué. Cela constitue un événement historique, économique, biologique. L'historien entreprend aujourd'hui l'étude de ces processus comme de nouveaux *genres* d'événements. Je pense que c'est quelque chose que les gens comme moi ont en commun avec les historiens. Je ne suis pas un historien au sens strict du terme. Mais nous partageons un intérêt pour l'événement.

*

Étudiant/Étudiante : Quelle est la place de ce que vous appelez l'archéologie du savoir dans ce nouveau type d'enquête historique ? Votre usage de l'expression « archéologie du savoir » se réfère-t-il à un nouveau type de méthodologie ou bien est-ce une simple analogie entre les techniques de l'archéologie et l'histoire ?

Foucault : Permettez-moi de faire marche arrière un instant et d'ajouter quelque chose à ce que je disais de l'événement comme objet de recherche principal. Ni la logique du sens ni celle de la structure ne sont pertinentes dans ce type de recherche. On n'a pas besoin de la théorie et de la logique du sens, on n'a pas besoin de la logique ou de la méthode de la structure ; on a besoin d'autre chose.

Étudiant/Étudiante : Je comprends. Pourriez-vous à présent nous dire si l'archéologie du savoir est une nouvelle méthode ou simplement une métaphore ?

Foucault : Eh bien…

Étudiant/Étudiante : Est-ce fondamental dans votre conception de l'histoire ?

Foucault : J'utilise le mot « archéologie » pour deux ou trois raisons principales. La première, c'est qu'on peut jouer avec le mot « archéologie ». En grec, *arkhè* signifie « commencement ». On emploie aussi le mot « archive[1] » en français. Le terme français se réfère à la façon dont les événements discursifs ont été enregistrés et dont ils peuvent être extraits de l'archive. L'« archéologie » se rapporte donc au genre de recherche qui essaie de mettre au jour des événements discursifs comme s'ils étaient enregistrés dans une *archive*.

La deuxième raison pour laquelle j'utilise ce terme renvoie à l'un de mes objectifs. J'aimerais reconstituer un domaine historique dans sa totalité, avec ses relations politiques, économiques, sexuelles et ainsi de suite. Mon problème est de découvrir ce qui doit être analysé, ce qui a été le fait même du discours. Ainsi, je ne cherche pas à être un historien, mais à savoir pourquoi et de quelles manières les relations entre les événements discursifs

1. Nous rectifions le texte de la transcription anglaise, qui comporte ici le terme « arche » (NdE).

adviennent. Je fais cela parce que je voudrais savoir ce que nous sommes *maintenant*, aujourd'hui. J'aimerais me concentrer sur ce qui nous arrive aujourd'hui, ce que nous sommes, ce qu'est notre société. Je pense que notre société et ce que nous sommes ont une dimension historique profonde, et, dans cet espace historique, les événements discursifs qui ont eu lieu il y a des siècles ou des années sont très importants. Ces événements discursifs et nous sommes entremêlés. D'une certaine manière, nous ne sommes rien d'autre que ce qui a été dit il y a des siècles, des mois et des semaines, etc.

*

Étudiant/Étudiante : Il me semble que toute théorie du pouvoir, qu'elle soit fondée sur des structures ou sur des fonctions, implique toujours une spécificité qualitative. Si vous étudiez la structure et la fonction d'événements de pouvoir dans une société donnée – par exemple, l'Espagne de Franco ou la République populaire de Mao –, vous avez des structures de pouvoir et des usages du pouvoir qualitativement différents. À cet égard, je pense que toute théorie du pouvoir doit s'interroger sur ses propres fondements idéologiques. À cet égard, il est très difficile d'établir des événements ou de poser des explications sur les structures de pouvoir en faisant abstraction de leurs connotations politiques. Vous voyez donc que ce n'est pas dépourvu d'idéologie.

Foucault : Tout ce que je peux dire, c'est que je suis d'accord.

Étudiant/Étudiante : Mais si vous êtes d'accord, ne pensez-vous pas que c'est une limite considérable posée aux tentatives de construire un paradigme du pouvoir qui est fondé sur ses propres convictions politiques ?

Foucault : C'est la raison pour laquelle je ne cherche pas à dépeindre un paradigme de ce qu'est le pouvoir. J'aimerais déceler les façons dont différents mécanismes de pouvoir sont à l'œuvre dans notre société, parmi nous, à l'intérieur et en dehors de nous-mêmes. J'aimerais connaître les façons dont nos corps, notre comportement quotidien, notre comportement sexuel, notre désir, nos discours scientifiques et théoriques sont liés à différents systèmes de pouvoir, qui sont eux-mêmes liés les uns aux autres.

Étudiant/Étudiante : En quoi votre position diffère-t-elle de celle d'une personne qui aurait une interprétation matérialiste de l'histoire ?

Foucault : La différence, je pense, c'est que, dans le matérialisme historique, vous devez placer les forces productives [2] à la base du système, puis viennent les rapports de production, et ainsi de suite, jusqu'à ce que vous trouviez la structure, la superstructure idéologique et juridique, et finalement ce qui va nous permettre d'éclairer notre propre pensée ainsi que la conscience des pauvres gens.

Je pense que les rapports de pouvoir sont plus simples et en même temps bien plus compliqués – simples dans la mesure où vous n'avez pas besoin de ces constructions pyramidales, bien plus compliqués dans la mesure où il y a de nombreuses relations réciproques entre, par exemple, les technologies de pouvoir et le développement des forces productives.

On ne peut pas comprendre le développement des forces productives sans repérer dans le domaine industriel et dans la société une manifestation particulière des différents types de pouvoir à l'œuvre – c'est-à-dire un type de pouvoir à l'œuvre au sein des forces productives. Le corps humain est une force productive, nous le savons, mais le corps humain n'existe pas comme *ça*, comme un objet biologique, comme un bout de matériau. Le corps humain est quelque chose qui existe dans et à travers un système politique. Le pouvoir politique vous

2. Nous rectifions le texte de la transcription anglaise, qui comporte ici le terme *political forces* (NdE).

donne une certaine latitude, la latitude d'action, d'avoir une attitude particulière, de vous asseoir d'une certaine façon, de travailler toute la journée, et ainsi de suite.

Marx pensait, et il l'a écrit, que le travail constitue l'existence concrète de l'homme. Je pense que *ça*, c'est une idée typiquement hégélienne. Le travail n'est pas l'essence concrète de l'homme. Si l'homme travaille, si le corps humain est une force productive, c'est parce que l'homme est obligé de travailler. Il est obligé de travailler parce qu'il est investi par des forces politiques, parce qu'il s'insère dans des mécanismes de pouvoir, etc.

Étudiant/Étudiante : Ce qui m'ennuie vraiment, c'est la façon dont cette position dénature l'hypothèse marxiste. Marx pensait que si les gens sont obligés de travailler, ils sont obligés d'entrer dans une sorte de socialisation pour accomplir ce processus de production. En conséquence de quoi nous avons ce qu'on appelle les rapports structurels.

Si l'on veut comprendre les relations sociales qui existent dans une société particulière, on doit enquêter sur les structures de pouvoir qui sont liées au processus de production. Et je ne pense pas que ce soit une relation déterminée. Je veux dire, je pense vraiment que c'est une relation réciproque, une relation dialectique.

Foucault : Je refuse ce mot, « dialectique ». Non, non ! Laissez-moi clarifier ceci. Quand vous dites « dialectique », vous commencez à accepter, même si vous ne le dites pas, le schéma hégélien thèse/antithèse et une sorte de logique qui me paraît inadéquate pour faire une description vraiment solide de ces problèmes. Une relation réciproque n'est pas une relation dialectique.

Étudiant/Étudiante : Mais si vous n'acceptez que l'idée de « réciprocité » pour décrire ces relations, vous enlevez tout type de contradiction. C'est pourquoi je pense que l'utilisation du mot « dialectique » est importante.

Foucault : Eh bien, examinons le mot « contradiction ». Mais d'abord, permettez-moi de vous dire que je suis content que vous ayez posé cette question. Je pense qu'elle est très importante. Vous voyez, le mot « contradiction » possède un sens particulier dans le domaine de la logique. Dans la logique propositionnelle, on sait vraiment ce qu'est la contradiction. Mais quand vous prenez la réalité et que vous cherchez à décrire et à analyser un grand nombre de processus, vous constatez que ces zones de réalité ne contiennent aucune contradiction.

Prenez la biologie. On y trouve un grand nombre de processus réciproques antagonistes, mais ça ne veut pas dire qu'on a trouvé des contradictions. Ça ne veut pas dire qu'un côté du processus antagoniste est positif et que l'autre est négatif. Je pense qu'il est très important de comprendre cette tension ; les processus antagonistes ne signifient pas contradiction dans un sens logique, comme le présuppose le point de vue dialectique. Il n'y a pas de dialectique dans la nature. Ma position diffère de celle d'Engels, mais il y a beaucoup de processus antagonistes dans la nature – et Darwin l'a très bien montré. Cependant, ils ne sont pas dialectiques. Je pense que ce genre de formulation hégélienne ne tient pas la route.

Si j'insiste en permanence sur le fait qu'il y a des processus comme la lutte, le combat, les mécanismes antagonistes, etc. c'est parce qu'on trouve ces processus dans la réalité. Ils ne sont pas dialectiques. Nietzsche a beaucoup parlé de ces processus et même bien plus souvent que Hegel. Mais Nietzsche a décrit ces antagonismes sans faire référence aux relations dialectiques.

Étudiant/Étudiante : Est-ce qu'on pourrait appliquer ça à une situation concrète ? Prenons le sujet du travail dans la société industrielle en relation, par exemple, avec un problème particulier de l'ouvrier : cette relation est-elle réciproque ou antagoniste ? Si j'analyse mes propres problèmes dans cette société, dois-je les voir comme des relations réciproques ou antagonistes ?

Foucault : Ni l'une ni l'autre. Là, vous évoquez le problème de l'aliénation. Mais, voyez-vous, on peut dire énormément de choses sur l'aliénation. Lorsque vous dites « mes problèmes », vous introduisez des questions philosophiques majeures, des questions théoriques centrales – par exemple, qu'est-ce que la propriété, qu'est-ce que le sujet humain ? Vous dites « *mes* problèmes ». Bon, c'est un autre sujet.

Le fait que vous ayez du travail et que le produit du travail, de votre travail, appartienne à quelqu'un d'autre, ce n'est pas rien. Ce n'est pas une contradiction, ce n'est pas une combinaison réciproque, c'est une question de combat, de lutte. Quoi qu'il en soit, le fait que ce à quoi vous avez travaillé appartienne à quelqu'un d'autre, ça ne prend pas une forme dialectique. Ça ne constitue pas une contradiction. Vous pouvez effectivement considérer que c'est indéfendable moralement, vous pouvez ne pas le supporter, vous pouvez combattre ce fait, voilà tout. Mais ce n'est pas une contradiction, ce n'est pas une contradiction logique. Et je pense que la logique dialectique est très pauvre – très facile à manier, mais très pauvre – si vous voulez formuler des significations précises, des descriptions et des analyses de processus de pouvoir.

*

Étudiant/Étudiante : Quelles préoccupations normatives, si vous en avez, sous-tendent votre recherche ?

Foucault : N'est-ce pas une question dont nous avons parlé hier soir, quand quelqu'un m'a demandé ce que nous devrions faire maintenant ?

Étudiant/Étudiante : Euh, non. Par exemple, le choix de vos sujets. Qu'est-ce qui vous amène à choisir un sujet plutôt qu'un autre ?

Foucault : Eh bien, c'est très difficile de répondre. Je pourrais répondre sur un plan personnel, je pourrais répondre à un niveau conjoncturel ou je pourrais essayer de répondre à un niveau théorique. Je vais me concentrer sur le deuxième, le niveau conjoncturel.

J'ai eu une discussion hier soir avec quelqu'un. Il m'a dit : « Vous travaillez sur des domaines comme la folie, les systèmes pénaux, etc., mais tout ceci n'a rien à voir avec la politique. »

Eh bien, je pense qu'il avait raison du point de vue marxiste traditionnel. Dans les années 1960, des problèmes comme la psychiatrie ou la sexualité étaient jugés marginaux par rapport aux grands problèmes politiques, l'exploitation des ouvriers, par exemple.

À l'époque, en France et en Europe, les gauchistes ne s'intéressaient pas à des problèmes comme la psychiatrie et la sexualité, parce que ceux-ci étaient jugés marginaux ou sans importance. Mais, depuis la déstalinisation des années 1960, on a découvert qu'un grand nombre de choses que nous considérions comme sans importance et marginales étaient absolument centrales dans le champ politique, parce que le pouvoir politique ne repose pas seulement sur les grandes formes institutionnelles de l'État, ce que nous appelons l'appareil d'État.

Il n'y a pas de lieu unique où s'exerce le pouvoir, il y en a plusieurs : dans la famille, dans la vie sexuelle, dans la façon dont les gens sont traités, dans l'exclusion des homosexuels, dans les rapports entre les hommes et les femmes, etc. Tous ces rapports sont politiques. Si l'on veut changer la société, on ne peut pas le faire sans changer ces rapports.

L'exemple de l'Union soviétique est décisif à cet égard. On peut dire que, en Union soviétique, les rapports de production ont changé depuis la révolution. Le système juridique de la propriété a changé. Le système politique a aussi changé. Les institutions ont été transformées depuis la révolution. Mais les rapports de pouvoir minuscules, tout petits, dans la famille, la sexualité, à l'usine, parmi les ouvriers, etc., tous ces rapports, en

Union soviétique, sont restés identiques à ceux d'autres pays occidentaux. Rien n'a *vraiment* changé.

*

Étudiant/Étudiante : Dans votre récent travail sur le code pénal et le système carcéral, vous mentionnez l'importance du panoptique de Bentham. Dans *L'Ordre du discours*, vous annonciez vouloir examiner les effets du discours psychiatrique sur le code pénal. Je me demande, dès lors, si vous considérez que le modèle de prison de Bentham appartient au discours psychiatrique ou s'il est seulement une manifestation de l'influence du discours psychiatrique sur le code pénal.

Foucault : Je dirais que c'est la seconde proposition. Je pense que Bentham a apporté à ce genre de question un texte et pas seulement une figure. À ses yeux, c'était vraiment une nouvelle technologie de pouvoir qui pouvait s'appliquer à la santé mentale comme à bien d'autres choses.

Étudiant/Étudiante : Pensez-vous que le travail de Bentham ait pu lui-même exercer une influence, ou bien était-il simplement représentatif d'influences plus générales sur le discours scientifique ?

Foucault : Bien sûr que Bentham a eu une influence considérable et on peut vraiment percevoir ses effets directs. Par exemple, la façon dont les prisons ont été construites et administrées en Europe et aux États-Unis s'inspire directement de Bentham.

Au début du XXe siècle, aux États-Unis – mais je ne me souviens plus où –, une certaine prison fut considérée comme fournissant, à quelques modifications mineures près, un magnifique modèle d'hôpital psychiatrique. Si le rêve du panoptique de Bentham, aussi paranoïaque fût-il, a exercé une si grande influence, c'est parce qu'au même moment une technologie de pouvoir inédite se diffusait dans toute la société. Le nouveau système de surveillance qui se mettait en place dans l'armée, à l'école par exemple – la façon dont les enfants étaient placés chaque jour sous la surveillance du professeur –, tout cela s'est produit au même moment, et on retrouve tout ce processus dans le rêve paranoïaque de Bentham. C'est le rêve paranoïaque de notre société, la *vérité paranoïaque* de notre société.

*

Étudiant/Étudiante : Pour revenir aux influences réciproques et à votre désillusion quant à l'attention portée au sujet parlant, serait-ce une erreur d'isoler Bentham ? Bentham n'était-il pas influencé à l'époque par les pratiques des écoles, la surveillance à l'armée, etc. ? Ne devrions-nous pas considérer qu'il serait erroné de se concentrer sur Bentham lui-même et ne devrions-nous pas diriger notre attention sur toutes ces influences émanant de la société ?

Foucault : Si.

*

Étudiant/Étudiante : Vous dites que nous sommes obligés de travailler. Voulons-nous travailler ? Choisissons-nous de travailler ?

Foucault : Oui, nous désirons travailler, nous voulons travailler, nous aimons travailler, mais le travail n'est pas notre essence. Dire que nous voulons travailler, c'est très différent que de définir notre essence en fonction de notre désir de travailler. Marx disait que le travail est l'essence de l'homme. Cette conception est fondamentalement hégélienne. Il est très difficile de l'intégrer à la lutte des classes qui se déroulait au XIXe siècle.

Vous devez savoir que Lafargue, le gendre de Marx, a écrit un petit livre dont personne ne parle dans les milieux marxistes.

Ce peu de considération portée au livre de Lafargue m'amuse. L'indifférence est ironique, mais, plus qu'ironique, elle est symptomatique ! Il a écrit un livre au XIXe siècle sur l'amour de l'homme pour le loisir. Entre l'homme et le travail, il n'y a pas de relation d'ordre essentiel.

Étudiant/Étudiante : C'est quelque chose que l'on fait.

Foucault : Quoi donc ?

Étudiant/Étudiante : Le travail !

Foucault : Parfois.

*

Étudiant/Étudiante : Pourriez-vous clarifier le rapport entre la folie et l'artiste ? Peut-être en référence à Artaud. Comment rapprocher Artaud le fou d'Artaud l'artiste, si tant est que cela soit possible ou souhaitable ?

Foucault : Je ne peux vraiment pas répondre à cette question. Je dirais que la seule question qui me préoccupe est la suivante : comment se fait-il que, pour nous, depuis la fin du XVIIIe siècle, la folie soit liée au génie, à la beauté, à l'art, etc. ? Pourquoi avons-nous cette idée curieuse selon laquelle il doit y avoir quelque chose de fou chez un grand artiste ?

On pourrait dire la même chose de la criminalité. Quand quelqu'un fait quelque chose comme un très beau crime, les gens ne pensent pas qu'il soit une espèce de génie, qu'il puisse y avoir de la folie à l'œuvre. Les rapports entre la folie et le crime, la beauté et l'art, etc. sont très énigmatiques. Nous devons essayer de comprendre pourquoi nous pensons que ces rapports relèvent de l'évidence. Mais je n'aime pas traiter de ces questions directement – des questions comme : les artistes sont-ils fous, ou de quelle façon les artistes et les criminels sont-ils fous ? L'idée selon laquelle ces relations sont évidentes persiste dans notre société. On considère que ces rapports sont culturels et ancrés.

*

Étudiant/Étudiante : Hier soir, vous avez appelé Sartre « le dernier prophète ». Vous avez laissé entendre que, aujourd'hui, l'intellectuel a pour tâche de développer des outils et des techniques d'analyse, de comprendre les diverses façons dont le pouvoir se manifeste. N'êtes-vous pas un prophète ? Ne prédisez-vous pas les événements ou la manière dont vos idées vont être utilisées ?

Foucault : Je suis un journaliste. Je m'intéresse au présent. J'utilise l'histoire pour comprendre ce qui nous arrive, là maintenant.

Étudiant/Étudiante : Vous affirmez donc que ce que l'on fait des découvertes et des outils produits par les intellectuels n'est pas de leur ressort. Insinuez-vous qu'il revient aux ouvriers, au peuple, de décider ce qu'il faut faire du travail des intellectuels ? Pouvez-vous anticiper la façon dont on pourra faire usage de vos outils et de vos analyses ? Pouvez-vous prévoir des usages que vous n'approuveriez pas ?

Foucault : Non, je ne peux pas prévoir cela. Je vous dirais que nous devons être très modestes sur les éventuels usages politiques de ce que nous disons et de ce que nous faisons. Je ne pense pas qu'il existe, mettons, une philosophie conservatrice ou une philosophie révolutionnaire. La révolution est un processus politique, c'est un processus économique. La révolution n'est pas une idéologie philosophique. Et c'est important. C'est la raison pour laquelle la philosophie hégélienne a été une idéologie révolutionnaire, une méthode révolutionnaire et un instrument révolutionnaire, mais a *aussi* été conservatrice.

Regardez Nietzsche. Nietzsche a produit des idées merveilleuses, des outils si vous préférez. Le Parti nazi s'en est servi. Aujourd'hui, nombre de penseurs de gauche l'utilisent. On ne peut pas avoir l'assurance que ce que l'on dit soit révolutionnaire ou non.

C'est, je crois, la première chose qu'il faut reconnaître. Cela ne signifie pas qu'on doive se contenter de produire de très beaux outils, des outils utiles ou bien divertissants, puis décider quoi mettre sur le marché au cas où quelqu'un voudrait les acheter ou les utiliser.

Voilà qui est bien, mais ce n'est pas tout. Si vous essayez de faire quelque chose – par exemple, faire une analyse ou formuler une théorie –, il faut que vous sachiez clairement comment vous souhaitez l'utiliser, dans quel but vous souhaitez, *vous*, utiliser l'outil que vous produisez et comment vous voulez que vos outils s'articulent aux autres outils produits au même moment. C'est pourquoi je pense que la relation entre la conjoncture de la situation présente et ce que vous faites dans un cadre théorique est très importante. Il faut que vous ayez une idée claire de ces relations. Vous ne pouvez pas construire des outils dans n'importe quel but, vous devez les produire avec un objectif, mais vous devez comprendre que ces outils seront peut-être utilisés différemment.

L'idéal n'est pas de construire des outils, mais de faire des bombes, parce que, une fois que vous avez lancé vos bombes, personne d'autre ne peut les utiliser. Je devrais préciser que mon rêve, mon rêve intime, n'est pas tout à fait de construire des bombes, car je n'aime pas tuer les gens. J'aimerais écrire des livres-bombes – c'est-à-dire des livres qui soient utiles juste au moment où ils sont écrits ou lus. Ensuite, ils disparaîtraient. Les livres seraient ainsi faits qu'ils disparaîtraient peu après avoir été lus ou utilisés. Les livres devraient être des sortes de bombes et pas autre chose. Après l'explosion, on pourrait rappeler aux gens que les livres ont produit de très beaux feux d'artifice. Bien des années plus tard, les historiens, entre autres, raconteraient que tel ou tel livre a été utile en tant que bombe et beau en tant que feu d'artifice.

Eh bien, j'aimerais vous dire un grand merci. Ça m'a fait très plaisir d'être ici, d'entendre vos questions et d'y répondre.

J'ai été très intéressé et impressionné par tout ce que vous avez dit et ce que vous connaissez de mon humble travail. Je ne pense pas mériter tant d'attention, mais je suis reconnaissant de tout votre savoir. En tout cas, je serais très heureux de vous revoir.

*

Tout de suite après la discussion, un professeur de littérature comparée accourut et demanda à Foucault s'il pouvait dire quelques mots de plus sur Artaud.

— Je ne peux pas, répondit Foucault. Voyez-vous, je ne m'intéresse pas vraiment à la littérature.

Entre-temps, un professeur de science politique américaine s'approcha furtivement et déclara à Foucault son profond désir d'enseigner des idées neuves sur la criminologie, tout en regrettant qu'un geste aussi audacieux soit impensable. Que diraient ses collègues, sans parler de l'administration ? Il perdrait tout à la fois ses financements et son prestige.

Avant même que Foucault puisse répondre à son imbécillité, j'aperçus un satrape influent, un professeur d'histoire américaine. Je lui présentai poliment Foucault, mais Son Éminence n'y prêta aucune attention. Il se contenta de prendre un air absent devant le célèbre visiteur français et repartit. J'étais stupéfait par son impolitesse. Je savais qu'il était obsédé par les États-Unis – il avait fièrement déclaré à propos de son unique voyage à l'étranger, un séjour à Paris, qu'il avait pris un vol retour au bout de deux jours car sa terre natale lui manquait trop. Sous sa réponse grossière à Foucault, je soupçonne l'existence d'une xénophobie couplée à de l'homophobie.

Puis un professeur de littérature anglaise, dont l'allure était celle d'un croisement entre le roi George III et le baron de Charlus, traversa lourdement la pelouse, bloqua Foucault et lui demanda ce qu'il pensait de Virginia Woolf.

Légèrement agacé, Foucault s'exclama : « Plus de questions ! »

SAMBO'S

Quel soulagement de se débarrasser des universitaires ! Nous retrouvâmes Mike et David. Foucault n'avait plus que quelques heures avant de prendre son avion. Sur la route de l'aéroport d'Ontario, nous amenâmes Foucault au Sambo's, un café de Foothill, au niveau de l'entrée de l'autoroute de San Bernardino. Le café était décoré de scènes tirées d'une histoire populaire relatant les aventures d'un groupe d'enfants noirs dans la jungle. Le décor possédait de subtils et sournois accents racistes.

— C'est le café le moins connu de la ville, expliquai-je, je m'y réfugiais il y a quelques années quand David et moi ne nous entendions pas. Je buvais du café et lisais Proust.

— Un lieu idéal pour lire Proust, fit remarquer Foucault. Balbec !

L'analogie malicieuse de Foucault entre le snack de mauvais goût et la station bourgeoise, qui occupe une place tellement importante dans le septième tome du roman de Proust, me fit tourner la tête. Au moyen de ce simple rapprochement, Foucault me fit entrevoir la nature de la bourgeoisie de façon tout à fait neuve.

Foucault commanda un sandwich à la dinde et un verre de thé glacé.

— Que feriez-vous si vous étiez contrôlé à l'aéroport de Paris avec de la marijuana dans vos bagages ? demanda David.

— Je ferais une déclaration aux Français leur disant que la marijuana, le haschisch et les drogues du même genre devraient être dépénalisés, répondit Foucault. Je ferais valoir l'absurdité qui consiste à emprisonner des gamins pris avec 2 grammes de marijuana et à promouvoir socialement la consommation d'alcool.

Foucault tendit soudainement le cou pour observer ce qui se passait devant le café. « Regardez la Mercedes qui arrive, remarqua-t-il. Vous ne verriez pas ça en Europe. Une personne conduisant ce genre de voiture en Europe ne viendrait pas manger dans un lieu pareil. » Il poursuivit : « David, aimeriez-vous posséder une voiture pareille ? »

— Non, je préférerais avoir une Porsche. Cela dit, j'ai eu une Porsche et je l'ai vendue parce que j'étais gêné d'avoir une voiture de luxe.

— Oh, vous avez donc pris une décision *éthique*, dit Foucault catégoriquement.

— J'imagine que vous pouvez appeler ça comme ça.

— Quel genre de voiture avez-vous, Michel ? demanda Mike.

— J'ai une Renault très fatiguée, répondit-il avec embarras.

Nous gardâmes le silence en mangeant nos sandwichs. Puis Foucault réengagea la conversation.

— Regardez les clients, fit observer Foucault. Ils sont tous habillés de la même façon, ils parlent de la même manière, ils mangent le même genre de nourriture. Pourquoi y a-t-il tant d'*uniformité* en Amérique ? Les modes de consommation sont tellement limités, tellement homogènes.

— Avez-vous vu de la différence en Amérique ? demanda Mike.

— Oui, dans les universités. On pourrait croire que tout le monde est pareil en Amérique si on n'allait pas dans les universités. Si un étudiant en licence dînait ici, il porterait probablement des vêtements qui le distingueraient. Il ne serait pas mêlé au reste.

— Les universités en Californie sont sur la défensive, dis-je, comme tout le service public depuis que Reagan est gouverneur de l'État.

— Oui, je suis au courant pour Reagan et le basculement politique qu'il incarne, reconnut Foucault. Ce qui se passe aujourd'hui dans les universités m'intrigue. Quoi qu'il en soit, c'est un phénomène mondial. J'ai l'impression que ma présence à Berkeley va me permettre d'identifier, mieux que nulle part ailleurs, ce qui arrive partout dans les universités.

Le café offrait une vue imprenable sur une caserne de pompiers, ce qui poussa Foucault à déclarer : « J'ai remarqué qu'il y a énormément de casernes de pompiers en Amérique. Le mythe fondamental de l'Amérique, c'est le feu, mais en Californie, c'est le tremblement de terre. Les Américains s'accrochent vraiment à leurs mythes. »

— Le mythe du tremblement terre est si puissant ici que certaines personnes pensent que la Californie va se déboîter dans l'océan Pacifique, dit Mike.

— La Californie flotterait, ça ne serait pas un drame. Bien au contraire, la Californie deviendrait une île et commencerait sa dérive vers la Chine. Il faudrait des milliers d'années avant qu'elle n'atteigne la Chine, elle continuerait à flotter et les Californiens resteraient dessus, occupés à leurs affaires, séparés des États-Unis et du reste du monde occidental dans un sens physique et géographique.

— Ne trouvez-vous pas que le pont du Golden Gate regarde vers l'est de la même façon que la statue de la Liberté fait face à l'Europe, à l'Ancien Monde ? demanda Mike. Ne trouvez-vous pas que le pont et la statue sont orientés dans deux directions opposées, le pont étant la fin et la statue le début ?

— On devrait appréhender le pont du Golden Gate symboliquement, répondit Foucault, comme s'il ne reliait pas l'Amérique à l'Amérique, mais ouvrait sur un ailleurs.

— Pensez-vous que les Américains soient trop ouverts et extravertis, que cela joue en leur défaveur ? Les Européens raillent-ils encore les Américains à ce sujet ? demanda David.

Foucault répondit : « Oui, j'ai entendu des Européens se moquer de la chaleur américaine, de la manière américaine d'"être gentil", mais ils font fausse route. On passe beaucoup de temps avec des inconnus, alors pourquoi ne pas y prendre plaisir ? Bien trois quarts de notre temps, sans doute, passe dans des rencontres très brèves avec les gens, des rencontres fortuites. Cette façon de se lier aux autres est donc très importante. Pourquoi ajouter de l'hostilité au fait de faire ses courses ? Soyez gentil avec le responsable de caisse et avec le magasinier ! L'animosité entre les gens casse une énergie qui pourrait et devrait être dirigée contre les systèmes de pouvoir qui nous oppressent. »

— Norman Mailer est intervenu à Claremont l'autre soir, dit David, et Simeon l'a accusé de glorifier l'agression, en particulier les agressions masculines contre les femmes. Pensez-vous qu'il soit naturel d'agresser ?

— Je n'ai pas l'intention de contredire les naturalistes sur ce terrain, déclara Foucault. Mais cela ne signifie pas que l'on ne puisse pas contrôler l'agression, la canaliser dans la bonne direction – pas contre les autres, mais contre le système qui nous domine. On devrait éliminer l'agression quand elle fait obstacle au contact intime qui devrait exister entre les gens.

DÉPART

Sur la route de l'aéroport, Foucault dit : « Il y a tant de richesse à Los Angeles, une opulence incroyable. L'architecture est remarquable. Et il y a cette étendue gigantesque. Paris est tellement plus limité. Vous pouvez traverser Paris en deux heures. Est-ce qu'il y a des collectifs d'artistes, je veux dire, de jeunes artistes ? »

— Oui, il y a beaucoup de jeunes artistes à Venice et à Santa Monica, répondit Michael.

— Aimez-vous cuisiner ? demanda David.

— Oui, j'aime cuisiner. Vous devriez me rendre visite à Paris, ça me ferait plaisir de vous cuisiner quelque chose, dit Foucault.

— Peut-être, répondit David.

— Michel, suppliai-je, Michael et moi ne sommes ensemble que depuis six mois, mais il y a quelque chose qui me dérange. Peut-être votre expérience pourrait-elle m'aider.

— Qu'est-ce que qui vous tracasse ?

— Eh bien, c'est banal en un sens, mais je me sens tellement seul et délaissé quand Michael a un rancard. Je dois être trop possessif.

— Vous n'avez qu'à trouver quelqu'un avec qui sortir.

— Conseilleriez-vous l'établissement d'une espèce de contrat libre entre nous ?

— Pas un contrat. La notion de contrat est un reste de Rome, dit Michel. Pourquoi imiter le mariage ?

— Mais ne puis-je pas attendre de réciprocité dans cette relation ?

— Non, pas au sens de : « Tu me donnes ça et je te donnerai l'équivalent. »

— Alors quel genre de réciprocité ?

— Asymétrique. N'attendez pas de recevoir ce que vous donnez.

— Parfois, l'espèce de confort des couples traditionnels paraît tellement enviable.

— Pourquoi ? Vous avez la clef du bonheur.

— Comment ça ?

— Vous êtes libres. Vous pouvez être ouverts à une diversité de relations intenses, enrichissantes pour l'un et l'autre.

— Comment lier ça au sentiment d'obligation qu'on a l'un envers l'autre ?

— À partir de l'obligation centrale, les relations devraient se développer dans un grand nombre de directions différentes.

— Est-ce la façon dont vous vivez ?

— J'essaie ! Quand nous vivions ensemble, notre plus gros problème à mon copain et moi, c'était le téléphone. Puis nous avons trouvé des appartements attenants connectés par une porte. Maintenant, chacun a son téléphone dans son espace privé.

— Pensez-vous que l'histoire de la relation maître/esclave nous dise quelque chose des relations contemporaines ? demandai-je à Foucault.

— Bien sûr, énormément. Prenez Marivaux.

— Marivaux ? Ce n'est pas lui qui me viendrait immédiatement à l'esprit.

— *L'Île des esclaves*, glissa malicieusement Mike.

— Oui, c'est ça ! dit Foucault. Marivaux nous montre d'une façon tellement délicieuse à quel point l'esclave prend du plaisir quand il a un bon maître. Les maîtres veulent devenir esclaves, ils essaient de devenir esclaves.

Pendant que Foucault rassemblait ses affaires en vue du départ, je lui demandai ce qu'il avait le plus aimé depuis notre retour du périple de l'autre côté du miroir.

— La matinée dans la montagne, répondit-il. J'ai beaucoup aimé la randonnée dans Bear Canyon avec les garçons.

— Nous vous enverrons un chèque de 500 dollars pour vos activités officielles à Claremont, garantis-je à Foucault.

— Mais vous m'avez déjà tant donné, dit-il doucement.

— Vos honoraires ont déjà été mis de côté par le Programme d'études européennes.

— Ce serait donc de l'argent perdu.

— Exactement.

— Vous vivez ici dans un paradis, dit Foucault.

— Avec les intrigues peu ragoûtantes de cette université minable, répondis-je, ça pourrait se transformer pour nous en un paradis perdu. Quoi qu'il en soit, j'ai bien l'intention de rester fidèle à ma conviction selon laquelle il faut changer le rôle de l'enseignant. Je suis devenu très proche de mes étudiants, parfois sur le plan intime, en réaction aux événements, à votre travail, à mon évolution personnelle. Je ne cache pas ma vie personnelle ou mes convictions à mes étudiants, et je fais tout pour relier ma vie à mon enseignement.

— Oui, dit Foucault, c'est la seule façon de s'y prendre.

— Je dirais que c'est grec, dis-je.

— Oui, dit-il, c'est grec.

— Quand retournerez-vous à Paris ? demanda David.

— Dans quelques semaines.

— Directement ?

— Non, je m'arrêterai quelques jours à New York.

— Aimez-vous beaucoup New York ?

— Oui, c'est la ville des villes.

— Qu'aimez-vous tant dans New York ?

— On peut devenir anonyme à New York. Des machines distribuent votre nourriture, il suffit de mettre de l'argent dans des machines et la transaction se réalise sans aucun contact humain.

— Séjournez-vous à l'hôtel ? demanda Mike.

— Oui, j'essaie de loger dans les hôtels qui apportent le plus grand anonymat possible. J'aime les hôtels où on a le sentiment d'être n'importe où dans le monde.

— Quand pourrez-vous revenir nous rendre visite ? supplia David.

— Je pourrais venir ici deux jours au lieu de m'arrêter à New York en rentrant à Paris. J'aimerais passer du temps avec David dans la montagne.

— Excellente idée, s'exclama David avec enthousiasme. Mike et moi approuvâmes.

Nous attendîmes dans la salle d'embarquement jusqu'au départ.

« Quand vous reviendrez, dis-je à Foucault, pourriez-vous participer à une émission que je fais pour la branche locale de CBS ? Ça s'appelle *Claremont Colloquium* et j'aimerais commencer mon segment par une interview de vous. »

Il accepta, quoique à contrecœur. « Je ferai tout pour vous aider. »

— Êtes-vous beaucoup passé à la télévision française ? demanda Mike.

— Les autorités ne me le permettraient pas. Oh, elles me laisseraient aller dans une émission traitant d'un sujet inoffensif, comme une conversation sur un livre ou sur un sujet ésotérique lié au programme scolaire. J'ai fait tout ça. Mais parler de prison ou de politique, ou de quoi que ce soit d'important, il n'y a aucune chance. Le pouvoir français surveille très attentivement l'accès aux médias.

— Que pensez-vous de la télévision américaine ? demanda Mike.

— Un vrai sermon ! À la télévision américaine tout particulièrement, les gens ne font que jouer des rôles pour contenter ceux qui les regardent. Mais c'est intéressant dans la mesure où ça donne accès aux problèmes des spectateurs. J'ai récemment vu l'épisode d'un feuilleton où la femme se fait lifter pour impressionner son mari. Toutes ses amies lui disent combien le lifting est réussi. Mais son mari ne remarque rien et elle est tellement déçue !

— C'était différent quand j'étais enfant, dit Mike. J'ai été nourri à *Our Miss Brooks*, *Au-delà du réel*, *Perdus dans l'espace*, *Gumby*, et tant d'autres séries télé. Sans parler des films de deuxième partie de soirée.

— Avez-vous l'impression de jouer un rôle quand vous passez à la télé ? intervint David.

— Oui. J'ai l'impression qu'on m'enjoint de jouer un rôle. J'ai eu ce sentiment lorsque j'ai été interviewé à la télévision avec Noam Chomsky. C'est un homme très aimable, mais nous devions endosser des rôles, qui étaient totalement fallacieux de surcroît.

— Alors vous ne sous-estimez pas le pouvoir des médias ? demanda David.

— Au contraire. Nous vivons dans deux mondes : le monde intérieur, personnel, qui est issu de notre expérience sensible et immédiate, et le monde extérieur, avec lequel nous ne sommes pas capables de communiquer directement. Il nous est rapporté par les médias – les journaux, la télévision, etc. Mais il nous est rapporté d'une façon très déformée.

Par exemple, poursuivit Foucault, il n'y a pas longtemps, j'ai vu un exemplaire du magazine *Time* paru en 1945. J'ai vécu les événements que le *Time* prétendait rapporter. Mais les événements étaient complètement déformés par les rédacteurs. Il suffit de vivre ce dont l'article est censé parler, lire l'article, et vous vous ferez une idée claire des déformations. Nous devons pouvoir restituer notre propre histoire, transmettre et communiquer les histoires de notre enfance, les histoires de notre vie. Nous pouvons ainsi surmonter les déformations du monde extérieur que les médias nous imposent.

— Mais comment ne pas dépendre de la télévision pour nos histoires ? demanda Mike.

— Servez-vous des dernières technologies. Avec le magnétoscope et les caméscopes, vous pouvez faire vos propres émissions, raconter vos histoires et les partager avec vos amis.

Foucault avait pris un roman de Zola pour l'avion. Je lui donnai *The Armies of the Night* de Mailer et une nouvelle de Borges que j'avais arrachée d'un numéro du *New Yorker*. Elle s'intitulait « Utopie d'un homme qui est fatigué ».

— Michel, dis-je, j'ai hâte que nous fassions notre émission ensemble.

— Oh, vraiment, dit-il d'un ton incrédule. Et pourquoi ?

— J'aimerais que tout le monde vous voie comme une personne.

— Mais je ne suis pas une personne, répondit Foucault sèchement.

— Très bien, comme un être humain.

— C'est pire, dit Foucault en riant.

Puis je vis de mes propres yeux ce qu'il venait de dire. En nous serrant dans ses bras et en faisant ses adieux, Foucault se métamorphosa en une série de devenirs deleuziens : enfant, femme, ouistiti, léopard, cristal, orchidée, nénuphar, bègue, nomade, inconnu, musique intense et, pour finir, invisible, son rêve absolu.

— Nous avons partagé beaucoup de plaisirs, dit-il, comme s'il était loin. Ses yeux brillaient de l'éclat de Vénus surplombant Zabriskie Point. Foucault se molécularisa entre les bras de ses garçons et il était parti.

« MICHEL FOUCAULT DANS LA VALLÉE DE LA MORT : UN ENTRETIEN AVEC SIMEON WADE [1] »

Par Heather Dundas

Boom : Que pouvez-vous nous dire de cette photo [2] ?

Simeon Wade : J'ai pris cette photo en juin 1975 avec mon Leica. On y distingue le chaînon Panamint, le plateau de sel de la vallée de la Mort et les dunes immobiles de Zabriskie Point. Au premier plan, il y a deux personnes : Michel Foucault en col roulé blanc, sa tenue ecclésiastique, et Michael Stoneman, qui était mon compagnon.

Boom : Comment vous êtes-vous retrouvé dans la vallée de la Mort avec Michel Foucault ?

Simeon Wade : J'expérimentais. Je voulais voir comment l'un des esprits les plus éminents de l'histoire réagirait à une expérience inédite pour lui : absorber une dose appropriée de LSD thérapeutique dans un cadre désertique extraordinaire et y ajouter diverses sortes de plaisirs. Nous sommes restés dans la vallée de la Mort deux jours et une nuit. Et c'est l'un des endroits que nous avons visités au cours du périple.

Boom : Que pouvez-vous dire de cette photographie ? Foucault et Stoneman étaient-ils déjà en train de tripper quand vous l'avez prise ? Et la chaleur n'était-elle pas suffocante en juin dans la vallée de la Mort ?

1. Initialement publié sur le site *Boom California* le 10 septembre 2017. L'entretien a été réalisé par Heather Dundas le 27 mai 2017 et a été édité par souci de brièveté, de clarté et d'exactitude historique.
2. Voir photo 1 dans le cahier hors-texte.

Simeon Wade : Oui. Nous nous sommes montrés à la hauteur de la situation, pour ainsi dire, dans un endroit qui s'appelle Artist's Palette. Il faisait en effet très chaud. Mais l'air s'est refroidi dans la soirée et on peut voir Foucault avec son col roulé à l'air frais. Nous sommes allés à Zabriskie Point pour voir Vénus se lever. Michael avait disposé des enceintes tout autour de nous, il n'y avait personne d'autre, et nous avons écouté Elisabeth Schwarzkopf chanter les *Quatre derniers Lieder* de Richard Strauss. J'ai vu des larmes dans les yeux de Foucault. Nous sommes descendus dans une cavité, nous nous sommes couchés sur le dos, comme dans le volcan de James Turrell[3], et nous avons regardé l'arrivée de Vénus puis celle des étoiles. Nous sommes restés à Zabriskie Point environ dix heures. Michael a aussi passé *Three Places in New England* de Charles Ives, *Kontakte* de Stockhausen et du Chopin... Foucault était un grand amateur de musique, Pierre Boulez était un ami à lui depuis ses années d'étudiant.

Boom : C'est une belle playlist. Mais pourquoi du LSD ?

Simeon Wade : On dit que la révélation de saint Jean sur l'île de Patmos a été provoquée par un champignon, l'*Amanita muscaria*. Le LSD est un produit chimique à la puissance analogue à celle de ces champignons. Tant de grandes inventions à l'origine de la civilisation ont été réalisées dans des sociétés qui utilisaient des champignons magiques dans leurs rituels religieux. Si cela est vrai, ai-je pensé, si les substances chimiques ont un tel pouvoir, alors que pourraient-elles bien faire au grand esprit de Foucault ?

Boom : Mais pourquoi aller si loin pour faire cette expérience ? Pourquoi avez-vous roulé cinq heures, de Claremont jusqu'à la vallée de la Mort ?

3. James Turrell, *Roden Crater*, https://rodencrater.com/about/.

Simeon Wade : Michael et moi avions réalisé tant de périples merveilleux dans le désert, c'est la raison principale. Plusieurs fois dans la vallée de la Mort, mais aussi dans le désert de Mojave, à Joshua Tree. En prenant du LSD dans un endroit tel que la vallée de la Mort, on peut percevoir des progressions harmoniques comme dans du Chopin ; c'est la musique la plus magnifique qu'on puisse entendre et elle nous apprend qu'il y a *plus*.

Boom : Jusqu'à récemment, l'idée emblématique des années 1970 d'une conscience amplifiée par un « élixir magique », pour reprendre l'expression de votre manuscrit, était tournée en dérision. Mais des recherches récentes ont remis en question ce rejet précipité de l'expérience psychédélique.

Simeon Wade : Il était temps ! Au cours de ces expériences, j'ai vu le firmament tel qu'il est vraiment, dans toutes ses couleurs et ses formes magnifiques, et j'ai aussi entendu des échos du Big Bang, ils ressemblent à un chœur d'anges, c'est d'ailleurs ce que les anciens croyaient que le Big Bang était.

Boom : Vous avez donc voulu administrer du LSD à Foucault pour qu'il accède à cette « musique splendide » ?

Simeon Wade : Pas seulement. On était en 1975, bien entendu, *Les Mots et les Choses* avait paru près d'une décennie auparavant (en 1966 en français). *Les Mots et les Choses* traite de la finitude de l'homme, de sa mort inéluctable et même de la mort de l'humanité, le livre soutient que tout cet humanisme de la Renaissance n'est plus viable. Au point d'affirmer que le visage de l'homme a été effacé.

Boom : Il y a ce passage célèbre à la fin de *Les Mots et les Choses*, qui entrevoit un monde qui en aurait fini avec les structures de pouvoir des Lumières : « Si ces dispositions venaient à disparaître comme elles sont apparues [...], alors on peut bien parier que l'homme s'effacerait, comme à la limite de la mer un visage de sable[4]. »

Simeon Wade : Je me suis dit, si j'administre du LSD thérapeutique à Foucault, je suis certain qu'il se rendra compte qu'il va trop vite quand il efface notre humanité et l'esprit tel que nous le connaissons aujourd'hui, il verra qu'il y a d'autres formes de savoir que la science, et il reconsidérera le thème de la mort tel qu'il avait jusqu'alors marqué sa pensée – je veux dire le terrible accent mis sur la finitude, une finitude qui finit par nous faire perdre espoir.

Boom : Donc, en un sens, vous avez conduit Foucault dans la vallée de la Mort pour une espèce de renaissance ?

Simeon Wade : Exactement. C'était une expérience transcendantale pour Foucault. Il nous a écrit quelques mois plus tard que c'était la plus grande expérience de sa vie et que ça avait profondément changé sa vie et son travail.

Boom : À l'époque du périple, Foucault n'avait publié que le premier des six tomes projetés de son *Histoire de la sexualité*. Il avait aussi publié un plan des publications et avait apparemment déjà fini l'écriture de plusieurs tomes. Quand les changements consécutifs à la vallée de la Mort se sont-ils produits dans son travail ?

Simeon Wade : Immédiatement. Il nous a écrit qu'il avait jeté au feu les tomes II et III de son *Histoire de la sexualité* et qu'il allait devoir tout recommencer à zéro. Je ne sais pas si c'était une façon de parler, mais il en a détruit au moins une version et il les a réécrits avant sa mort prématurée en 1984. Les titres de ces deux derniers livres reflètent l'impact que cette expérience a eu sur lui : *L'Usage des plaisirs* et *Le Souci de soi*, il n'y a pas de référence à la finitude. Après cette

4. Michel Foucault, *Les Mots et les Choses*, Gallimard, Paris, 1966, p. 398.

expérience de 1975, *tout* est du nouveau Foucault, du néo-Foucault. Il faisait soudain des déclarations qui choquaient l'intelligentsia française.

Boom : Comme quoi ?

Simeon Wade : Il y avait déjà des déclarations publiques plus assurées, comme le fait qu'il avait finalement compris qui était le vrai Christophe Colomb de la politique : Jeremy Bentham. Jusqu'alors, Jeremy Bentham était une figure très respectée et Foucault avait commencé à voir en lui un intellectuel maléfique. Et voilà Foucault qui désavoue Marx et Engels en affirmant qu'il faut considérer Marx comme un excellent journaliste et non comme un théoricien. Puis toutes les choses en direction desquelles il se tournait ont pris de l'ampleur après le périple dans la vallée de la Mort. Entre 1975 et 1984, Foucault était devenu un autre être.

Boom : Vous avez mentionné le fait que certaines personnes avaient critiqué votre expérience et considéraient que vous aviez joué avec la santé de Foucault.

Simeon Wade : Beaucoup d'universitaires ont été très sévères, affirmant que l'esprit d'une personne exceptionnelle avait été tripatouillé. Que je n'aurais pas dû tripatouiller son esprit. Mais Foucault était parfaitement conscient de ce qui se passait et nous sommes restés avec lui tout le temps.

Boom : Pensiez-vous aux conséquences que cette expérience aurait sur votre carrière ?

Simeon Wade : *A posteriori*, j'aurais dû [5].

5. Simeon Wade a quitté l'École d'études supérieures de Claremont en 1977. Après avoir enseigné l'histoire et l'histoire de l'art comme vacataire dans diverses universités, il a décroché un diplôme d'infirmier et a été employé à l'hôpital psychiatrique du comté de Los Angeles avant de devenir infirmier en chef à l'hôpital du comté de Ventura.

Boom : Est-ce resté une expérience unique ? Avez-vous revu Foucault ?

Simeon Wade : Oui, Foucault est revenu nous rendre visite. Peu de temps après sa première visite, deux semaines plus tard, nous sommes restés dans les montagnes – c'était une expérience de montagne.

Boom : Toujours avec de la musique et du LSD ?

Simeon Wade : Pas de LSD, mais tout le reste. Après le second départ de Foucault, je me suis assis et j'ai écrit le récit de l'expérience, il s'intitule *Le Périple dans la vallée de la Mort*. Il n'a jamais été publié. Foucault l'a lu. Nous avons entretenu une correspondance nourrie. Et puis nous avons de nouveau passé un moment extraordinaire avec lui en 1981, quand il est venu pour une conférence à l'université de Californie du Sud.

Boom : Avez-vous conservé les lettres de Foucault ?

Simeon Wade : Oui, à peu près une vingtaine d'entre elles. La dernière a été écrite en 1984. Il demandait s'il pouvait venir vivre avec nous à Silverlake, il était au dernier stade de la maladie. Je pense qu'il voulait mourir comme Huxley [6]. J'ai répondu oui, évidemment. Malheureusement, avant de pouvoir voyager, la porte de l'histoire s'est refermée sur lui par surprise [7].

6. Le romancier Aldous Huxley a demandé à sa femme de lui injecter du LSD pendant qu'il mourait, le 22 novembre 1963.
7. Michel Foucault est mort à Paris le 25 juin 1984 à l'âge de cinquante-sept ans. Simeon Wade et Michael Stoneman sont restés proches jusqu'à la mort de ce dernier en 1998. Wade a vécu plusieurs années à Oxnard, en Californie, où il a écrit et joué du piano. Il est mort le 3 octobre 2017.

TABLE

PRÉFACE, par Heather Dundas 5

FOUCAULT EN CALIFORNIE 17

- Prolégomènes 21
- La formule 25
- Irvine 29
- L'arrivée 33
- Chez Foucault 37
- Le périple dans la vallée de la Mort 47
- Artist's Palette 65
- Zabriskie Point 69
- Dante's View 77
- Une fête 81
- Le sentier de Bear Canyon 87
- Sous le porche 93
- Le bassin 99
- La salle des Fondateurs 107
- Sambo's 127
- Départ 131

« **MICHEL FOUCAULT DANS LA VALLÉE DE LA MORT : UN ENTRETIEN AVEC SIMEON WADE** », par Heather Dundas 137

Composition Facompo, Lisieux (Calvados).
Achevé d'imprimer en janvier 2021 sur les presses de
La Nouvelle Imprimerie Laballery à Clamecy (Nièvre).
Dépôt légal : février 2021
N° de dossier : 101144

Imprimé en France